INTRODUCTION

はじめに

　私は精神科医として仕事をして23年になります。ふりかえると周囲の方々に教えていただくことばかりでした。研修医のころ、診察室で認知症のご本人、ご家族と話をしていて、ご家族とばかり話をしてしまい「私が患者ですよ！」と怒られたこともありました。入院中の患者さんから「頼りない！　担当医を変えてほしい！」と言われたこともありました。現在、お叱りを受けることは少なくなっていますが、今回、私のような者が本書を書かせていただいていいのだろうかとも考えました。

　ただ、いろいろな経験を積むうちにわかってきたこともあります。担当させてもらっている認知症のご本人を前にして、不完全な私がいつも気にかけていることがあります。それは、「せっかく出会えたのだから、なにか役に立ちたい」ということです。具体的には、役に立つために新しい知識を身につけ、認知症のご本人の気持ちを思いやる（思い込みにならないよう気をつけながら……）ということを続けていくのです。このことを読者の方にお伝えすることは、ケアマネ業務の役に立つのではと思いました。たくさんある書籍のなかからこの本を手にとってくださる方に、少しでも役に立ちたいという気持ちで筆をとりました。

　本書は2人の執筆者で書かせていただいております。前半の認知症の基本的な医学知識や症状に対する項目を私が担当し、後半の認知症の人に対するケアマネジメントについては、（ケアマネ支援を含めた）相談業務を日々実践されている石川進氏にご担当いただきました。本書のなかで繰り返し述べられますが、認知症の人に対するケアマネジメントは、「認知症」という病に対する正しい理解なしには実践できません。その意味で、医学知識と実践は車の両輪のように学びを深めていっていただきたいと思います。

認知症の人は認知症という荷物を持った人です。「私は認知症です」という表現。英語では「I am dementia.」とは言わず「I have dementia.」といいます。認知症の本人だけでなく支援者である方も、きっとみんないろいろな荷物を持って生きています。みんながお互いに寄り添ったり支えたりしながら生きていけたら幸せなのかなと思います。同じ時代、同じ地域で生きていて、認知症という荷物を持った方と出会う職業につけて幸せだなと感じることができたり、今日これからの支援の一助に本書がなれたら幸せです。

2018.7　長谷川　洋

CONTENTS

はじめに ……………………………………………………………………… i

第1章
認知症とはどういう病気？

01	認知機能の役割 …………………………………………………… 002
02	認知症の主な症状 ………………………………………………… 004
03	認知症の原因疾患❶アルツハイマー型認知症の症状と進行 ……… 008
04	認知症の原因疾患❷レビー小体型認知症の症状と進行 …………… 014
05	認知症の原因疾患❸血管性認知症の症状と進行 …………………… 016
06	認知症の原因疾患❹前頭側頭型認知症の症状と進行 ……………… 020
07	MCI（軽度認知障害） …………………………………………… 022
08	若年認知症 ………………………………………………………… 024
09	認知症と間違えられやすい病気 ………………………………… 026

第2章
認知症の検査・診断・告知

01	病院に行くタイミング …………………………………………… 034
02	検査の流れ❶認知症か否かを判断するための検査 ……………… 038
03	検査の流れ❷原因疾患を特定するための検査 …………………… 046
04	認知症の診断と告知 ……………………………………………… 050

第 3 章
認知症の治療と薬

- 01 認知症の治療の流れ ……………………………………………… 054
- 02 中核症状への薬物療法 …………………………………………… 056
- 03 BPSDへの薬物療法 ……………………………………………… 062
- 04 認知症の非薬物療法 ……………………………………………… 066
- 05 なじみの環境 ……………………………………………………… 068

第 4 章
認知症の症状と対応のコツ

- 01 中核症状とBPSD …………………………………………………… 072
- 02 中核症状❶記憶障害・短期記憶障害 …………………………… 076
- 03 中核症状❷判断力の低下 ………………………………………… 078
- 04 中核症状❸失行・失認・失語 …………………………………… 080
- 05 中核症状❹実行機能障害 ………………………………………… 082
- 06 中核症状❺見当識障害 …………………………………………… 084
- 07 中核症状❻コミュニケーション不全 …………………………… 090
- 08 BPSDの特徴とかかわり方の基本 ……………………………… 092
- 09 BPSD❶物盗られ妄想 …………………………………………… 094
- 10 BPSD❷帰宅願望、徘徊 ………………………………………… 096
- 11 BPSD❸興奮、攻撃的行為、拒否的な言動 …………………… 100
- 12 BPSD❹過食、異食 ……………………………………………… 102
- 13 BPSD❺性的言動 ………………………………………………… 104
- 14 BPSD❻アパシー（意欲の低下）………………………………… 106
- 15 BPSD❼幻視 ……………………………………………………… 108

第5章
認知症の人に対するケアマネジメントの基本

- 01 認知症という病気を理解するということ …………………………………… 112
- 02 認知症ケアの柱「価値と倫理」…………………………………………… 116
- 03 パーソンセンタードケア …………………………………………………… 120
- 04 認知症の人のアドボカシー ………………………………………………… 126

第6章
認知症の人とのコミュニケーションとアプローチ法

- 01 対人援助技術の基本 ………………………………………………………… 132
- 02 認知症の人とのコミュニケーションの基本的考え方 …………………… 136
- 03 認知症の人の視点に立つためのアプローチ❶
  二次元的思考法：ひもときシート ………………………………………… 142
- 04 認知症の人の視点に立つためのアプローチ❷
  二次元的思考法：センター方式 …………………………………………… 146
- 05 認知症の人の視点に立つためのアプローチ❸
  三次元的思考法 ……………………………………………………………… 150
- 06 認知症の人の視点に立つためのアプローチ❹
  四次元的思考法：認知症の人になりきる ………………………………… 154

第7章
認知症の人視点のケアマネジメント

- 01 事前情報の収集ととらえ方 ………………………………………………… 160
- 02 インテークの基本─面接時の基本姿勢 …………………………………… 162
- 03 アセスメントの基本視点 …………………………………………………… 166
- 04 アセスメントを深める ……………………………………………………… 170
- 05 ケアプラン作成のポイント ………………………………………………… 176
- 06 認知症の人が主役のサービス担当者会議 ………………………………… 180
- 07 モニタリングと再アセスメント …………………………………………… 184

第 8 章
認知症の人を支える体制づくりとケアマネジャーの視点

- 01 認知症の進行に応じたケアマネジャーの視点 ……………………………… 190
- 02 家族支援と家族とのかかわり方 …………………………………………… 194
- 03 チームケア ― All for Oneな取り組み ……………………………………… 200
- 04 施設入所と看取り …………………………………………………………… 204
- 05 ケアマネジャー自身のストレス対処法 ……………………………………… 208
- 06 パーソンセンタード ケアマネジャーになろう ……………………………… 212

著者紹介

タスにゃん
人を助(タス)けることに喜びを感じ
ネコ一倍仕事(タスク)に燃えるケアマネ5年目のネコちゃん。
肩にかけているタスキは使命感の象徴。
ツナ缶(マグロ)とレタスが大好物。

認知症とは
どういう病気?

1

CONTENTS

- **01** 認知機能の役割
- **02** 認知症の主な症状
- **03** 認知症の原因疾患❶アルツハイマー型認知症の症状と進行
- **04** 認知症の原因疾患❷レビー小体型認知症の症状と進行
- **05** 認知症の原因疾患❸血管性認知症の症状と進行
- **06** 認知症の原因疾患❹前頭側頭型認知症の症状と進行
- **07** MCI(軽度認知障害)
- **08** 若年認知症
- **09** 認知症と間違えられやすい病気

01 | 認知機能の役割

> **POINT**
> 認知機能が保たれていることで
> 人はスムーズな活動ができるのです。

認知機能とは、物事を判断する力

　朝、起きる時間を決めるのにも複雑な過程があります。会社勤めの方であれば、まず出社しなければならない時刻から、通勤に必要な時間を考えて、自宅を出る時間を決めます。そして、それまでに行うこと（朝食、身支度、トイレなど）を今までの経験をもとに考えて、起きる時間を決めます。さらに、今日は朝から会議があるから30分早く起きようとか、明日は昼ごはんをコンビニで買ってから会社に行くから10分早く出ようとか、日々の予定で時間の微調整をすることもあるでしょう。

　このような日々の活動は認知機能が保たれていることで成り立っています。認知機能とは、物事を判断する力です。私たちは何らかの出来事を見たり、聞いたり、触れたり、感じたりすることで、そのことにどう対処するか考え、決断して行動します。行動することで結果が生じ、望んでいた結果でなければ、また対処方法を考え、決断し、行動します。私たちの日々の生活は、物事を判断して行動することの連続で成り立っているのです。

認知症になると……

　認知症になると、この認知機能が低下します。認知機能は脳の神経細胞が互いに連絡している状態で保つことができています（図表1-1）。ところが、認知症

図表1-1 認知機能のモデル

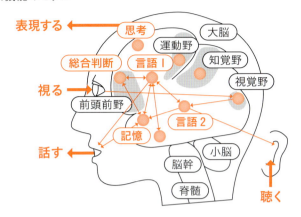

出典：長谷川和夫・長谷川洋『よくわかる高齢者の認知症とうつ病』中央法規出版、2015年、7ページ

になると神経細胞が減り、互いの連絡がスムーズでなくなります。

　ただ、多くの認知症の人では、その日の体調、かかわる方との相性、そのときまでのさまざまな状況によって良い判断ができることもあれば、誤まった判断をすることもあります。誤った判断の結果、行動も間違った行動となってしまうのですが、周囲の理解やサポートで判断は変わる可能性はあり、行動も変わります。私たちは、認知症の人がなぜそのような行動をしたのか、どのような判断をしたのかを考えて日々の支援を工夫する必要があります。

認知症の状態では、認知機能が低下し誤った判断をして、間違った行動になることも多くみられます。しかし、私たちの支援によって、その判断や行動は変わってくるのです。

02 認知症の主な症状

> **POINT**
> 認知症の症状はさまざまですが
> もの忘れでは直前の記憶が維持しにくくなります。

通常のもの忘れと、認知症のもの忘れの違い

　認知症の主な症状でまず思い浮かぶのは「もの忘れ」でしょう。では、もの忘れがあるイコール認知症でしょうか？　そうではありませんね。認知症とは、もの忘れに伴い「生活に支障が生じている状態」であり、自分が体験した「出来事全体」を忘れてしまうという特徴があります（図表1-2）。

　例えば、パソコンでグラフを作成する必要があり、先輩や上司から作り方を教えてもらい、その時はなんとか作り上げました。それから2週間後に再び同じ要領で作成しようとすると、まったく作り方を思い出せず再度指導してもらう……といった経験はありませんか。このときは「あー、この前教えてもらったのにな。メモをとっておけばよかったな」と後悔するでしょう。こうしたもの忘れは、2週間前にグラフの作り方を教えてもらったことを覚えていますし、一度は覚えたはずのことを忘れてしまったという自覚もあります。これは誰もが経験するもの忘れです。

　一方で、認知症の人のもの忘れでは、出来事全体を忘れてしまいます。先ほどの例でいうと、2週間前に教えてもらったこと自体を忘れてしまい、「初めて教えてもらう」という気持ちになります。アルツハイマー型認知症では、数分前のことを忘れてしまうことが多く、繰り返し同じ話をしたり、同じことをたずねるということがみられます。

　認知症の人のなかには、もの忘れをしていること自体を忘れてしまい「別に何

図表1-2 通常のもの忘れと認知症のもの忘れの違い

健常者は、体験の一部のみを忘れるので、
体験の他の記憶から、もの忘れした部分を思い出すことができます。

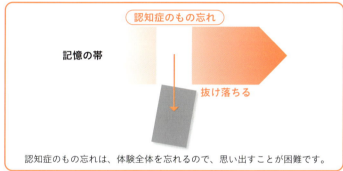

認知症のもの忘れは、体験全体を忘れるので、思い出すことが困難です。

出典：長谷川和夫『認知症の知りたいことガイドブック』第2版、中央法規出版、2011年、13ページ

も困っていません」とおっしゃる方もおられますが、一方で「最近、なんだか忘れやすい……」と悩まれる方もいます。このような方は、「何か忘れていないか?」と1つひとつの生活動作を確認することが多くなる傾向があります。例えば、カギをかけたかどうか? ガスの火をつけっぱなしにしていないか? こうした確認の繰り返しで疲れやすかったり、イライラしやすくなる方もおられます。

ケアマネジャーの確認ポイント

　認知症で生じるもの忘れは、直前の記憶が維持しにくくなることが多いです。直前の記憶が維持しにくいことで日々の生活障害がおこりやすくなります。私たちにとって、日々当たり前にできていたことができなくなることは認めたくないことでもあり、それぞれの方の気持ちをくんで、丁寧にプライドを傷つけないようにお話しをうかがうことが大切です。

薬の飲み忘れ、飲みすぎ、定期通院できているかを「お薬手帳」で確認する

　高齢になり、内科で血圧と糖尿病のお薬、整形外科で腰痛と足のしびれのお薬、眼科で白内障のお薬、さらに市販薬のビタミン剤、整腸剤とたくさんのお薬を毎日内服し、複数の医療機関に通院している方も多くおられます。お薬手帳をみせてもらうと、投薬日数、調剤日から定期的に受診しているのか簡単にわかりますので、時々確認させてもらうとよいでしょう。

　認知症の初期では、5年、10年と定期的にかかりつけ医に通院していたのに、薬の飲み間違いから不規則な通院になる方も多いです。予約や検査日を忘れてしまうこともあります。このようなことがみられたら、もの忘れ外来などへの受診をすすめましょう。

冷蔵庫の中をご本人、ご家族と一緒に確認する

　直前の記憶が維持できないと、買ったことを忘れて同じものを買ってしまうことがあります。ご自宅にうかがった際に、冷蔵庫の中を確認させてもらいましょう。同じ物がたくさんないか、賞味期限が過ぎていないか（買ったことを忘れて食べていない、家事がうまくできなくなって調理していない）も、確認するポイントです。

　ただし、冷蔵庫の中を確認するということは、プライベートな空間に立ち入ることになります。さりげなく、見せていただくという姿勢で、ご本人やご家族と一緒に確認させていただきましょう。

　また、そうした物を見つけたときには、ご本人のプライドを傷つけないような配慮も必要です。例えば、その場では「賞味期限が切れてる物が多いですね」と事実だけで終えるのではなく、「もし買い物に行けなかったらと思うと、つい買いすぎてしまいますよね。私も同じですよ。きちんとされているのが確認できてよかったです。ありがとうございました」といった配慮の言葉を使いましょう。ご本人のプライドを傷つけてしまわないように、丁寧にやさしく話しかけることを心がけましょう。

02 認知症の主な症状

お鍋をこがしてしまってないか確認する

　煮物を弱火で30分煮込むとき、その間に洗濯物をとりこんで、たたんで、といった他の家事をすることもあるでしょう。このようなときに、今行っている家事に集中してしまい、煮物のことをすっかり忘れてしまってお鍋をこがしてしまう、ということも非常に多くみられます。アルツハイマー型認知症では、数分前のことを忘れてしまうことが多く、お鍋を火にかけていたことを忘れてしまい、こがしてしまうのです。

　もし、台所でこげたお鍋を見つけたり、家族から火の心配を相談されたら、ガスコンロから電気コンロに変える提案をするのも、用心のためによい方法です。

家事をしない高齢者のもの忘れは目立ちません

　家事はすべて家族がやり、本人は新聞を読み、１日中テレビをみているだけ。お風呂に入るときは家族が着替え準備して、入浴中は１人なので詳細は誰もわからない。食事もすべて準備してもらい、会話も自ら話すことはない……。このような生活をおくっている高齢者（特に男性）は、もの忘れはあっても自ら行動することがないため、暮らしの支障がみつかりにくく、認知症が進行していることが多くみられます。ですから、高齢男性には「あれ？」と思うことがあれば、早めの検査・受診をすすめましょう。

1　認知症とはどういう病気？

まとめ

認知症の人は経験した出来事全体を忘れてしまうのが特徴です。本人に自覚がなくても、身の回りの物や生活習慣から、もの忘れにより生活に支障が出ていないか確認しましょう。

03 認知症の原因疾患❶ アルツハイマー型認知症の症状と進行

> **POINT**
> アルツハイマー型認知症は
> 一番多い認知症です。

認知症は複数の認知症を併発することもある

　認知症の原因疾患には図表1-3に示すようなさまざまな病気があります。多くみられる認知症として、アルツハイマー型認知症、レビー小体型認知症、血管性認知症が3大認知症としてあげられますが、実際はアルツハイマー型認知症とレビー小体型認知症を併発したり、アルツハイマー型認知症と血管性認知症が併発することも多いです。また、3つを併発される方もいます。目立つ症状も時間の経過と共に変化していくこともあります。

アルツハイマー型認知症は原因疾患の約50％を占める病気

　アルツハイマー型認知症は、認知症の原因のおおよそ50％といわれています。ミュンヘン大学の精神科医であったアロイス・アルツハイマーが、1906年に世界で初めてアルツハイマー型認知症の症例を学会に発表しました。

03 認知症の原因疾患❶アルツハイマー型認知症の症状と進行

図表1-3　認知症の原因になる主な病気

原因疾患	診断名
脳血管障害	脳出血、脳梗塞、ビンスワンガー病
退行変性疾患	アルツハイマー型認知症、レビー小体型認知症、前頭側頭型認知症（ピック等）、ハンチントン舞踏症
内分泌・代謝性疾患	甲状腺機能低下症、ビタミンB12欠乏症。サイアミン欠乏症、肝性脳症、透析脳症、肺性脳症、低酸素症
中毒性疾患	各種薬物、金属、有機化合物などの中毒、アルコール中毒
感染症疾患	クロイツフェルト＝ヤコブ病、各種脳炎ならびに髄膜炎、進行麻痺、エイズ
腫瘍性疾患	脳腫瘍、転移性腫瘍
外傷性疾患	頭部外傷後遺症、慢性硬膜下血腫
その他	正常圧水頭症、多発性硬化症、ベーチェット病

アルツハイマー型認知症の経過

　アルツハイマー型認知症の経過を示したものを示します（図表1-4）。縦軸が症状の経過、横軸が時間の経過です。当初はもの忘れが目立ち、日々の生活への障害はみられません。

　この時期はＭＣＩ（Mild Cognitive Impariment：軽度認知障害）と呼ばれる時期です（第1章07参照）。MCIの状態を経て認知症に移行していくといわれていますが、どのくらいの割合で移行するのかは不明なことも多いです。もちろん、MCIの状態のまま認知症に移行しない方もいます。また最近の報告では、この時期から血圧や血糖値を良い状態に維持するようにしたり、日々の生活に運動を取り入れることで移行しにくくなるのではないかという報告もみられています。

　アルツハイマー型認知症の経過は緩やかに進行していくことが多く、また薬物療法で進行を遅らせることもできます（第3章02参照）。1人ひとり病状の進行のスピードは異なり、病状が進行しないで天寿をまっとうできる方もおられます。

初期の特徴

もの忘れが初発症状

　アルツハイマー型認知症では、当初からもの忘れが目立ちます。直前の記憶が維持できません。その結果、繰り返し同じことをたずねてしまうようになります。また、お鍋を火にかけたまま台所から離れてしまい、他の家事をしているうちに火にかけたことを忘れてしまってお鍋をこがしてしまうことがあります。

社会性は比較的保たれる

　その一方で、社会性は保たれ、雑談はスムーズに行えます。例えば、「今日はどちらに行くのですか?」と尋ねると、たとえわからなくても「ちょっとそこまでねー」と答えたり、「最近の調子はどうですか?」とうかがうと、「最近は天気もこんなだし、具合は良かったり悪かったりよ」と返します。短時間だと、もの忘れに周囲は気がつかないことも多いと思います。

　日常生活で、暮らしの障害が生じている一方で、短時間なら「よそゆき」の対応ができます。うまく取り繕(つくろ)えてしまうのです。このような時期では、身近な家族は「生活の支障」が出始めて病院を探したり受診をすすめると思いますが、普段接していない親戚からすると、そんな病院に連れていくほどじゃないのでは? と考える方も多い時期です。この時期は親戚間の温度差が生じやすく、関係がぎくしゃくしてしまうこともあります。

初期から始まる「物盗られ妄想」

　アルツハイマー型認知症では、初期の段階で「物盗られ妄想」が生じることがあります。自分のお世話をしてくれている家族やヘルパーさんといった身近な人に対して「お財布を盗んだ」と言うのです。周囲は驚き、むしろ本当に盗まれたのでは? と思ってしまう親戚もいるかもしれません。

　お財布を失くしたとき、皆さんはどうされますか? まずは自分の行動を振り返り、最近使った上着、ズボンのポケット、バッグの中を確認するでしょう。それから、昨日の行動を振り返り、電車の中で盗られてしまったかなとか、途中に立ち寄ったお店に忘れてきてしまったかな、などと考えるのではないでしょうか。

03 認知症の原因疾患❶アルツハイマー型認知症の症状と進行

図表1-4 アルツハイマー型認知症の経過

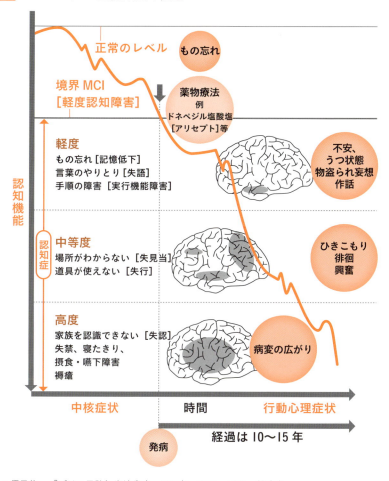

出典：須貝佑一『ぼけの予防』岩波書店、2005年、76ページを一部改変

　身近な自分が世話になっている人を疑うということはしないはずです。また、疑った場合でもその人に直接、「お財布を盗ったでしょ？」と言うことはしないはずです。しかし、1番信頼している人に「お金盗ったでしょ？」と言ってしまう判断の障害が生じるのがアルツハイマー型認知症の特徴なのです。

　比較的早い段階でこのような訴えが出る可能性があるということを、家族が知っていることがとても大事です。ケアマネジャーから認知症の人とのかかわり

方の基本としてお伝えするのがよいでしょう。例えば、「お財布を盗った」を言葉通り受け取らず、「お財布が見当たらず困ったわ」と言っているととらえてくださいとアドバイスします。

多くの方は「お財布がないのは困りますよね、一緒に探しましょう」と応えると、拒否なく一緒に探し始めます。くれぐれも、言葉を額面通りに受け取って「何言ってるんですか！ 盗るはずないでしょ！ ちゃんと探してください。どこかで落としたんですよ！」などと怒ったり、叱ったりしてご本人のプライドを傷つけるような言い方はしないようにします。なお、嫌な感情を伴った記憶は残りやすく、「私を怒鳴った怖い人だ」ということだけ覚えてしまうこともあります。

中期から後期の特徴

中期は介護負担のピーク、全力で家族を支える体制を整えます

中期にみられる症状に「徘徊」があります。例えば自宅にいながら「もう家に帰らないといけない」と言って外に出てしまいます。そして、歩き始めてからどれくらい時間が経ったか把握できず、2時間歩いていてもまだ10分ぐらいの感覚でいる方も珍しくありません。家族が付き添って歩く場合もありますが、その家族も高齢であることが多く、付き添って歩く家族のほうが体調を崩してしまうおそれがあります。

そこで提案するのは、直前の記憶を維持しにくいことを利用して、場面を変えてみることで、リセットを図るという方法です。例えば歩いている途中で、コンビニエンスストアに入ることを提案します。そこで、冷蔵庫にすぐに入れたほうがよいアイスクリームなどを購入し、「冷蔵庫にしまうために1度家に戻りましょう」と提案します。何か他の行動をすることで、外出の動機だった「自宅探し」を忘れてもらえないかを試みるのです。

また、この時期は昼夜の生活リズムが逆転しやすく、夜中に大声を出したり、探し物をして家族を起こし、明け方から夕方までうとうと寝て過ごすということが起こりやすい時期です。生活リズムを整えるためにも日中に活動することが大切です。ケアプランを立てる際に、デイサービスや訪問リハビリテーションなどの利用を検討するとよいでしょう。

後期(終末期)の特徴

プロに任せることは任せて、家族にしかできないかかわりをお願いしましょう

　時間が経過して、病状が進行すると便失禁がみられ、生活すべてに介助が必要となります。家族の介護負担はさらに大きくなります。しかし、家族は介護のプロになるために介護をしているわけではありません。家族だから介護をしているのです。ですから、長年家族で積み重ねてきた家族の歴史が、介護の苦しさのために歪んだ物になってしまったり、生活が介護に染まってしまうことで、今までの大切な素敵な時間が色あせてしまってはいけないと思うのです。

　家族が24時間在宅で頑張って介護することを否定するわけではありません。ですが、ショートステイや施設入所なども検討し、家族の疲労が少ない状態で、なるべく頻回に面会に来ていただき、一緒に昔のアルバムをみたり、共に過ごした大切な思い出を話し合う時間をもつのもいいのではと思います。会話が難しい場合は、手をさすったり、昔一緒に聞いた音楽を流したり、口ずさむということもいいかもしれません。

　終末期になると、食べ物を飲み込みにくくなり、誤って気管に食物が入り、それが原因で誤嚥性肺炎に至ることがあります。また、脳の神経細胞の脱落が非常に多くなり、萎縮も著しくなって突然の呼吸停止や心停止も起こりうる状態となります。

> **まとめ**
>
> アルツハイマー型認知症では、初期からもの忘れが目立ちますが、会話はスムーズで短時間での会話では認知症だとわかりにくいことも多いです。物盗られ妄想も初期から生じます。ケアマネジャーから家族に、こうした特徴やかかわり方の基本をお伝えすることも大切です。

04 | 認知症の原因疾患❷
レビー小体型認知症の症状と進行

> **POINT**
> 初期ではもの忘れは目立たず、
> うつ病と間違えられることもあります。

　レビー小体型認知症（DLB）は、認知症の約10％を占めるといわれています。小阪憲司医師が発見したレビー小体という物質が脳の表面（大脳皮質）に蓄積しているという特長があります。レビー小体は、お亡くなりになった後に脳を解剖して組織を見ることでわかる所見ですので、実際に診断するときには、現代の医学ではレビー小体を見ることはできていません。レビー小体は脳以外の自律神経にも生じ、立ちくらみ、失神といった自律神経症状が現れます。

レビー小体型認知症の主な症状

　アルツハイマー型認知症では、もの忘れの症状から始まることが多いのですが、レビー小体型認知症は初期の段階ではもの忘れはあまり目立ちません。むしろ、元気や意欲が乏しくなり、うつ病に似た症状が目立ちます。また、しっかりしているときと、混乱し了解が悪くなってしまっているときの両方がみられることもあります。このような状態を「認知の変動がみられる」といいます。認知の変動という点で、せん妄やてんかん（第1章09参照）との鑑別が必要となります。
　また幻視もよくみられる症状です。非常にリアルな幻視で、「さっき会社の人が4人来てただろう。お茶を4人分頼むよ」といったことを話されます。幻視を見分けるのには、話かけてみること、ふれてみることです。まぼろしは話かけても答えませんし、ふれようとしてもふれられませんので、一緒に確認してみるとよいでしょう。なお、幻視はせん妄でもみられる症状ですので鑑別が必要です。

04 認知症の原因疾患❷レビー小体型認知症の症状と進行

図表1-5 レビー小体型認知症の特徴

リアルな幻視	パーキンソン病と似た症状	REM睡眠行動障害
抑うつ症状がみられるためうつ病と間違えられる		
誤認妄想	薬に対する過敏症	男性の方が多く、女性の2倍

　睡眠時に寝ぼけて、大きく身体を動かして壁に腕や足を強くぶつけてケガをしてしまうということもあります。この症状をREM睡眠行動障害といいます。通常はREM睡眠という睡眠状態では夢をみている状態で筋肉を動かすことはできません。ですから私たちは夢のなかで走っても実際に走りだすことはないのです。ところがREM睡眠行動障害では筋肉を動かすことができてしまい、朝起きたら腕や足を壁にぶつけて、あざができているということもあります。

　また、前かがみで小刻みに歩き、突進歩行になることも多くみられます。この症状は、パーキンソン病という神経の病気でもみられます。パーキンソン病に伴って認知症の症状がでることもあります。2つの病気の鑑別は難しく、歩行障害から認知症の症状がでるまでの期間が1年以内の場合をレビー小体型認知症、1年以上経過している場合をパーキンソン病にともなう認知症とする、という診断の指針があります。

　その他の自律神経症状として、立ちくらみ、失神、めまい、動悸、発汗といった症状がでたり、薬剤過敏性といって薬の効果が強くでることで、眠気やふらつきがでてしまうという特長もあげられます。

> レビー小体型認知症では、初期にはもの忘れが目立たず、幻視や前かがみ歩行、小刻み歩行、立ちくらみなど、さまざまな症状がみられます。薬剤の副作用も生じやすいです。なお、2014年に塩酸ドネペジル（アリセプト）が適応薬に追加されました。

1 認知症とはどういう病気？

05 認知症の原因疾患❸ 血管性認知症の症状と進行

> **POINT**
> 脳梗塞や脳出血の後に生じます。
> 細い血管のつまりでは、
> 自覚症状がないこともあります。

血管性認知症とは

　血管性認知症とは、脳の血管障害から起きる認知症です。脳梗塞、脳出血では脳の血管がつまったり、やぶけたりしてしまうことで、その領域の神経細胞は血液が流れなくなってしまい死滅してしまいます。その結果、もの忘れが生じるのです。

　血管性認知症では、血管障害が生じたときに段階的に症状が強まることが知られています（図表1-6）。症状は、脳のどの部位で血管障害が起きたか、ということで大きく変わります。言葉が上手く話せないという症状が出現する方もいれば、身体の左右どちらかの手足が動かない、動かしにくいという方もいます。この場合、いつ脳梗塞や脳出血が起きて、その後にもの忘れがでたということが、はっきりわかることが多いです。脳梗塞や脳出血は繰り返し起こしてしまう方もいれば、1回だけの脳梗塞や脳出血で症状が悪化しないこともあります。

血管性認知症の症状は特徴的

　脳の細い血管が所々つまってしまって、もの忘れが生じることがあります。この場合は、言葉がでにくい、身体が動かしにくい、力が入りにくいといった症状がなく、本人や家族は脳梗塞を起こしていることに気がつかないことがあります。そのため、いつからもの忘れが生じているのか、わからないことがあります。

05 認知症の原因疾患❸血管性認知症の症状と進行

1 認知症とはどういう病気?

図表1-6 血管性認知症の経過

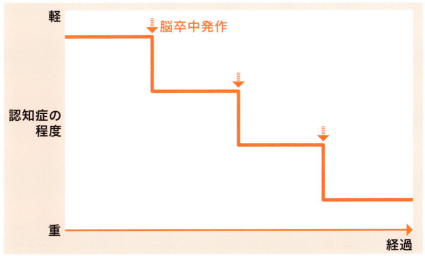

脳卒中発作が起こるたびに階段状に認知症の程度がすすむ。

出典:長谷川和夫『認知症の知りたいことガイドブック』第2版、中央法規出版、2011年、47ページ

図表1-7 血管性認知症とアルツハイマー型認知症の鑑別の要点

	血管性認知症	アルツハイマー型認知症
前駆症状	頭痛、めまい、もの忘れなどを訴えることがある	もの忘れが頻繁におこる
記憶低下の特徴	想起に時間がかかるが内容は保たれる	エピソード記憶の障害
言語	構音障害や失語を伴うことが多い	一見、正常のことが多い 時に失語
身体の障害	麻痺、感覚障害、嚥下障害、失禁などADLの低下	初期は正常
人格の障害	比較的少ない	しばしば人格の変化あり
特徴的な精神障害	感情失禁、うつ状態、せん妄	落ち着きがない 多弁、症状に対する屈託のなさ

出典:長谷川和夫・長谷川洋『よくわかる高齢者の認知症とうつ病』中央法規出版、2015年、67ページ

また、血管性認知症でみられやすい症状に感情失禁というものがあります。笑っているのに泣き顔になってしまったりします。

アルツハイマー型認知症との鑑別点

　アルツハイマー型認知症との鑑別点を図表1-7に示します。アルツハイマー型認知症の経過中に血管性認知症が併発することもありますし、血管性認知症にアルツハイマー型認知症が併発することもありますので症状が混在する方も多いです。

> **まとめ**
> 血管性認知症では脳出血や脳梗塞の後におこり、段階的に症状が進行します。本人の気がつかない脳梗塞の後に発症することもあります。血管性認知症の予防は、脳梗塞や脳出血の再発を予防することが大事です。

認知症の症状を目立たなくするために

COLUMN 1

認知症とはどういう病気？

　認知症の症状は海面にうかぶ岩のようなものといえると思います。身体状態、生活環境、対人関係、経済状況といったことで水位は上がったり下がったりします。本人を取り巻くさまざまな要因がいい方向であれば図の水位はあがり岩（症状）は目立たず、好ましくない要因が増えて、つらい状況になると水位は下がり岩（症状）が目立ってきます。

　第4章で認知症によって生じる症状を説明しますが、どの方にも必ず同じ症状がでるわけではありません。このことは、認知症だけでなく、精神科でかかわらせていただく病気すべてにいえることでしょう。このことが精神科の難しさでもあり、かかわらせていただいて改善が図れたときのやりがいにつながるともいえます。

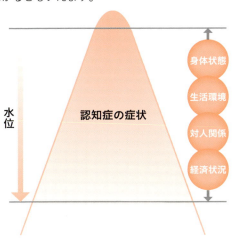

06 認知症の原因疾患❹
前頭側頭型認知症の症状と進行

> **POINT**
> 性格変化、常同行動などが特徴です。
> マンツーマン対応が必要なことも多いです。

　前頭側頭型認知症（FTD）は、ピック病ともいわれ、大脳の前頭葉と側頭葉が萎縮したり、血流が低下することによっておこる認知症です。認知症の原因疾患としては少ないほうですが、前頭前野の働きが阻害されるため、他の認知症に比べて性格変化、反社会的行動、時刻表的行動、パターン化した行動という症状がでやすく、マンツーマンでの対応が必要なことから、手厚い介護体制を整えるべきで、知っておく必要がある疾患です。

　性格変化は、他人や状況に配慮できず、自己中心的な言動、行動となりやすくなります。反社会的行動では、万引き行為がみられます。万引きの特長としては、必要としていない品物を隠さずに、会計もしないでお店を出ていこうとします。また、必ず決まった時刻に外出するという時刻表的行動をとることがあります。例えば、その時間に友人が遊びに来てくれて楽しく会話をしているといった状況でも、決まった時間になるとぱっと席を立って外出してしまうのです。集団での行動や活動にペースを合わせるのが困難で、介護の際は1対1（マンツーマン）対応が必要なことも多いです。一方で、道に迷うことは少なく、外出してもきちんと帰ってくることはできることが多いです。

06 認知症の原因疾患❹前頭側頭型認知症の症状と進行

図表1-8 前頭側頭型認知症の主な症状

1. 認知機能の低下（記憶障害など）は初期にはみられない
2. 自発性の低下、無欲・無関心
3. 抑制がきかない（我慢できない、暴力行為）
4. 反社会的な行動（万引き、窃盗など）
5. 常同行動（無意味な、単純な動作をくりかえす）
6. 性格の変化
7. 感情の荒廃・鈍麻など

図表1-9 大脳の4つの部分と前頭前野の働き

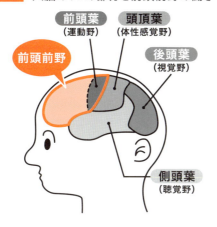

前頭前野の働き
1. 思考する
2. 行動を抑制する
3. コミュニケーション(対話)する
4. 意思決定する
5. 情動(感情)を制御する
6. 記憶をコントロールする
7. 意識・注意を集中する
8. 注意を分散する
9. 意欲を出す

> **まとめ**
> 前頭側頭型認知症では、他の認知症と比べて性格変化、パターン化した行動が目立ち集団活動ができず、マンツーマン対応が必要な方も多いです。介護者である家族の疲労が著しくなっていることが多く、家族を支える意識を常にもつことも必要です。

07 | MCI（軽度認知障害）

> **POINT**
> 認知症の予防は、生活習慣病の悪化を防ぐこと、
> 身体を動かすことを
> 習慣にすることが大事です。

　ＭＣＩ（Mild Cognitive Impairment：軽度認知障害）は、もの忘れを自覚し、ご家族など他の方からもの忘れを指摘されますが、日常生活に支障がない状態です。年を取ればだれでも年相応のもの忘れや理解力の低下がおこりますが、この正常老化と認知症の間に、認知症へすすむ境界の状態があることを米国メイヨークリニックのピーターソンらが提唱し、この状態をMCIと名付けました。

　数年の経過でアルツハイマー型認知症に移行することが多いといわれていますが、報告によってどのくらいの頻度で移行するかはさまざまです。最近の報告では、生活習慣を整え高血圧、糖尿病、高コレステロール血症といった生活習慣病に注意し、生活習慣病になっても血圧、血糖値、コレステロール値の安定を維持していくことや運動を行うことを習慣にすることで、MCIからアルツハイマー型認知症になる確率が下がるという報告もあります。もの忘れを自覚した時点で、生活習慣を見直すことがとても重要であるといえるでしょう。

　このような報告から各市町村で高齢者向けの体操や運動教室といった活動が広がっていますので、身体面で運動制限がある方でなければおすすめしてもよいと思います。今まで身体を動かす習慣がなかった方が運動をすることは大変ですが、本人や家族から、どのようなことだったら日々の生活で身体を動かせるかうかがってみましょう。本人が何も思いつかないようなら、買い物をまとめ買いしないようにする、万歩計を使って歩数を毎日記録しカレンダーに書くといったことをすすめてはいかがでしょう。そして訪問の際には運動習慣が継続できているか話題にしましょう。

07 MCI（軽度認知障害）

図表1-10 MCIの診断基準

・記憶低下の愁訴がある
・日常生活に支障はない
・全般的な認知機能は正常
・年齢に比較して記憶力の低下がある（標準化された記憶検査で確認される）
・認知症は認めない
・CDRのスコアが0.5

図表1-11 MCIの状態

加齢による もの忘れ → MCI 軽度認知症 → 認知症

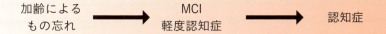

加齢によるもの忘れ	認知症
記憶の一部を忘れる。 もの忘れを自覚している。 生活に支障をきたさない。 必ずしも認知症になるわけではない。	記憶（体験）のすべてを忘れる。 もの忘れを自覚していない。 生活に支障をきたす。 徐々に、または急速に進行する。

**認知症であるかどうかは記憶力の悪さだけでは判断できません。
生活に支障がでてきたかどうかで判断します。**

まとめ

MCIはもの忘れを自覚し、もの忘れはあるものの日常生活に支障はでていない状態です。この時点で生活習慣を見直すことがとても重要です。生活習慣の見直しや身体を動かすことをすすめ、見守りましょう。

08 若年認知症

> **POINT**
> 多職種で連携して支援します。
> 経済面のサポートにも重点を置きます。

若年認知症ならではの問題

　65歳未満で認知症の症状が生じている状態です。介護保険制度上では、40歳から64歳までの「初老期の認知症」にあたります。

　症状は高齢者にみられるものと変わりはありませんが、症状の進行が速い方が多いです。高齢者に比べて、働きざかり、子育ての真っ最中の生活状況下であることが大きな問題です。40歳以下の場合は、介護保険を使用できないという問題もあります。住んでいる地域で若年認知症の人が参加、あるいは利用できる施設がまったくないということもあります。

　このように同じ認知症でも、高齢者の場合と65歳未満の方では、支援の方法や使えるサービス、そして抱える問題が異なります。若年認知症の人の支援ではケアマネジャー1人で支えようとせず、主治医、役所の保健福祉センター、保健

図表1-12 若年認知症を支援する制度の一例

医療に関する制度	・自立支援医療（精神通院医療） ・高額療養費
障害に関する制度	・精神障害者保健福祉手帳 ・障害者自立支援法に基づく障害福祉サービス
就労に関する制度	・傷病手当金 ・雇用保険制度 ・就労支援 ・障害者雇用納付金制度／障害者雇用調整金など
介護に関する制度	・介護保険サービス
経済援助に関する制度	・障害基礎年金 ・障害厚生年金 ・特別障害者手当 ・生活保護制度 ・生活福祉資金
その他の制度	・障害者控除・特別障害者控除 ・医療費控除 ・国民保険料免除制度 ・日常生活自立支援事業 ・成年後見制度 ・介護休暇制度

> 若年性認知症コールセンター
> 0800-100-2707（フリーダイヤル）
> 受付時間　月～土　10時～15時　（祝日・年末年始除く）

師など複数の専門職と連携することが大切です。また、経済面でのサポート体制を整えるのに障害年金の申請ができるかどうかも検討していくべきことでしょう。ご家族の負担や精神的なショックも非常に強く、家族への支援体制も整えたいものです。

まとめ

若年認知症では、その方のみならず配偶者、お子さんを含めたご家族全体の支援を多職種で連携していく必要があります。

09 認知症と間違えられやすい病気

POINT
うつ病、せん妄、てんかんが
特に認知症と間違えられやすい病気です。

うつ病

さまざまな身体の症状の訴えがでることが多く、不眠が出現しやすい症状です。

　認知症と間違えられやすい病気は、まずうつ病があげられます。うつ病は、ゆううつな気分が生じる病気、働き盛りの年代の方が過労やストレスから生じる病気という理解をされているかもしれません。もちろん若い人もかかる精神の病気ですが、高齢になってから発病することも珍しくありません。

　高齢者の場合、気分の落ち込みは目立たず、さまざまな身体の症状で悩まれる方が多いことが特徴です。頭重感、倦怠感、息苦しさ、ドキドキする、食欲低下、不眠といった症状がよくみられます。こうした多彩な症状から不安も生じやすく、集中力の低下がみられます。集中力が低下した状態では、もの忘れがおきやすく、日常生活での失敗も生じやすく、認知症でのもの忘れ、日常生活での失敗と見分けがつきにくいことがあります。

　うつ病の人が認知症になる確率が高いという報告もありますし、またアルツハイマー型認知症にうつ症状が併発するという報告もあります（図表1-13）。レビー小体型認知症では、うつ症状が最初に生じる症状である場合もありますので、鑑別はとても困難です。

　うつ病とアルツハイマー型認知症の鑑別点を図表1-14に示します。実際は認知症の人で生じることがあるアパシー（第4章**14**参照）という病状があると、さらに鑑別は困難です。うつ病の人はもの忘れを自覚して本人も困っておられます

図表1-13　認知症とうつ病の関係

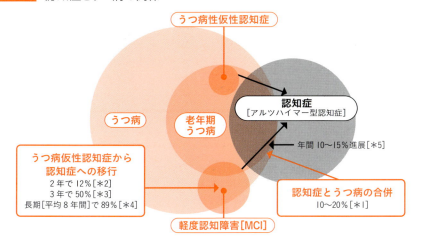

[＊1] Wragg, R.E. et al.:Am J Psychiatry 146:1989 577,
[＊2] Rabins, P.V. et al.:Br J Psychiatry 144:1984 488,
[＊3] Reding, M. et al.:Arch Neurol 42:1985 894,
[＊4] Kral, V. et al.:Can J Psychiatry 34:1989 445,
[＊5] 谷向知他『老年精神医学雑誌』16（3）：2005年, 296ページ

出典：新井平伊他「高齢者のうつ病－認知症との関連」『臨床精神薬理』12,（1）2009年、134ページを一部改変

図表1-14　アルツハイマー型認知症と老年期うつ病の鑑別

	アルツハイマー型認知症　[AD]	老年期うつ病
深刻さ	なし	あり
もの忘れについて	自覚していない、無関心	自覚し、強く訴える
生活への支障	日常生活にしばしば介助を必要とする	何もできないと訴えるが、自分で身辺整理が可能なことも多い
買い物	同じ物を買ってしまう	買い物に行かなくなる
会話のテンポ	保たれている	返答に時間がかかる

出典：長谷川和夫・長谷川洋『よくわかる高齢者の認知症とうつ病』中央法規出版、2015年、175ページ

が、アパシーの人では、本人の困り感は少ないことが多く周囲の方が心配されていることが多いようです。

せん妄

急激におこることが多く、身体の不調や飲み薬が原因のこともあります。

　せん妄は、意識がぼんやりしている状態で、話がかみあわなかったり、意識がはっきりするとそのときのことを思い出せないため、認知症と疑われることもあります。認知症に併発することもありますし、認知症でない人でも起こります。

　認知症の人で併発することが多いのは、夜間せん妄といわれる状態です。日中は寝て過ごしていて、夜になかなか寝れないような生活リズムが乱れているときにおこりやすいです。夜になると、通帳がないと探し物を延々と何時間もしたり、もう亡くなった夫が帰ってくるからご飯の仕度をしないといけないと台所でお皿を出し始めるといった行動がみられることもあります。認知症でない人がせん妄を併発する場合は突然症状が現れます。

　せん妄が起きる要因として、高熱や骨折といった身体状態がよくなかったり、骨折して入院しているといった環境変化、そして一番忘れてはいけないのが、風邪薬や花粉症のときに使用するようなアレルギー薬、睡眠剤といった飲み薬で生じることもあるのです。薬に関しては、医療機関で処方される薬はお薬手帳で確認する必要がありますが、高齢者の方は薬を利用している期間も長く、以前もらった薬が余っていたから自己判断で再開したという方や、ドラッグストアで購入した薬を自己調整しながら飲んでいるという方もいますので注意が必要です。

　せん妄の治療は、原因の除去が第一です。せん妄の原因は図表1-15にあげたように、修正できる要因（取り除けるもの）と修正できない要因（取り除けないもの）があります。身体状態がよくない方であれば、身体状態の改善で急速にせん妄状態も改善することがあります。薬の影響であれば、薬の変更や中止で改善が図れることもあります。また、生活リズムの乱れから、せん妄状態が生じることもあるので、生活リズムを整えて日中に寝ないようにすることも大事です。せん妄状態で興奮状態を併発するようなときに、やむなく抗精神病薬を少量使用することもありますが、過度に眠気が日中に残る過鎮静といった状態をおこしたり、水分や食べ物を飲みこむ力が悪くなる嚥下障害が生じることもありますので、慎重に使用していくべき薬剤といえます。

09 認知症と間違えられやすい病気

図表1-15 臨床的にみたせん妄の要因

修正できる要因	修正できない要因
薬剤（特にGABA作用薬剤、オピオイド、抗コリン作用を有する薬剤	高齢者
	元々ある認知機能障害
持続あるいは間欠的鎮静	身体疾患重症度
活動性の低下	精神疾患の存在
急性物質中毒	
身体拘束	
水分・電解質バランス	
低栄養状態	
代謝内分泌障害	
酵素化不足	
睡眠覚醒リズム障害	
疼痛コントロール不良	

出典：上村恵一作「臨床的にみたせん妄の要因」日本総合病院精神医学会せん妄指針改訂版（統括：八田耕太郎）編『せん妄の臨床指針　せん妄の治療指針 第2版』星和書店、2015年、18ページ

てんかん

もの忘れがまったくみられない時期があるようなら疑います。

　認知症と間違えられやすい病気として、てんかんも最近注目されています。てんかんというと、小さいお子さんがかかる病気、意識を失いけいれんを起こす病気と考えがちです。実は高齢者で初めて生じることも多い病気なのです。

　高齢者でみられるてんかん発作は、数十秒ほど意識がぼんやりして、口を少しモグモグ動かすような動作がみられる方もいますが、目立った症状がない方も多くいます。発作の回数も1か月に1回程度のことも多くなかなか気がつきにくいです。

　発作がおきているときは、意識がぼんやりしていますので、そのときに家族が何か話をしてもまったく覚えていないということが起こります。そのため、もの忘れを主訴に受診されますが、病院を受診されるときに発作がおきない限りはもの忘れの検査をしても何も異常がない、ということになります。

　高齢者のてんかんの場合、てんかんをおさえる抗てんかん薬の効果がでる方が多いので、高齢になってからてんかんが初めておきることもある、ということを

図表1-16 てんかんの年代別発症率

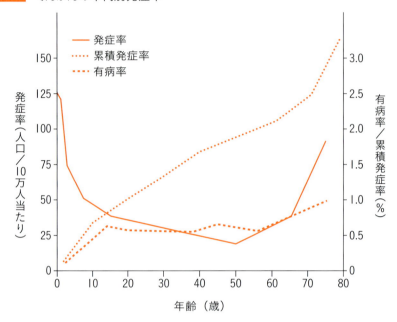

出典：Anderson VE, Hauser WA, Rich SS. Adv Neurol 44:59, 1986

知っておくことが大切です。

　認知症との鑑別は、発作が起きているときに呼びかけや問いかけをして返答できるかどうかです。てんかん発作では発作が起きているときに返答できません。

> **まとめ**
> 認知症と間違えやすい病気は、認知症と併発することもあります。本人や家族に、うつ病、せん妄、てんかんという病気があることをお伝えしておきましょう。

認知症と高次脳機能障害

COLUMN 1 認知症とはどういう病気？

高次脳機能障害とは

　高次脳機能障害とは、交通事故や転落事故などの脳の損傷や脳梗塞、脳出血、クモ膜下出血といった脳血管障害が原因で、もの忘れ（記憶障害）、同じミスをくり返したり作業が長くできない症状（注意障害）、物事の時間配分、段取りが悪くなり臨機応変な対応ができなくなる（遂行機能障害）といった症状が生じている状態で、認知の障害全般の用語です。認知の障害は、損傷した脳の部位により出る症状が異なります。

　この定義は医学的定義ですが、「高次脳機能障害」という用語は行政的な定義で使用されることもあります。こちらの定義では2001年から開始した厚生労働省の「高次脳機能障害支援モデル事業」で、外傷や脳血管障害で脳損傷を生じた後に身体面での障害があまりないにもかかわらず、記憶障害、注意障害、遂行機能障害といった認知の障害から日々の社会生活や日常生活に支障が生じている状態、障害を「高次脳機能障害」と定義しております。どちらの定義にしても1つの疾患を特定できない用語でありますが微妙にニュアンスは異なっていて使うのが難しい用語です。

高次脳障害の症状の一例

- 新しいことが覚えられない
- 集中できず、仕事や勉強を途中で投げ出してしまう
- 欲求が抑えられなくて不適切な行動をとってしまう
- 計画を立てたり、順序だてて物事をすすめられない
- 言葉が出なくなったり、適切な動作ができなくなる
- 怒りっぽくなったり、やる気がなくなったりする

治療と支援

　医療機関で精密検査を行った結果としては1つの疾患、例えば脳梗塞と診断が確定し、リハビリテーションの場で「高次脳機能障害」と診断をされた場合を考えてみましょう。脳梗塞の急性期の医療機関は脳神経外科や神経内科が主たる診療科で入院治療を行います。そして急性期の時期が過ぎると、転院をしてリハビリテーション病院での入院となります。そこではリハビリテーション科が高次脳機能障害を含めて入院リハビリテーションを行います。

　身体面でのリハビリテーションが終わると、退院してご自宅で福祉サービスを利用して社会復帰を目指します。この段階で医療とのつながりがなくなり「高次脳機能障害」に関してのサポートが希薄になってしまうことが多いのです。ここからの医療機関としてはメンタルクリニックを中心とした精神科、心療内科がもっとサポート役を引き受けてもいいのではないかと思います。

認知症との違い

　また、認知症もその原因疾患は多々存在し、やはり1つの疾患を特定しておりません。外傷や脳血管障害がおきる前から記憶の障害などが起きていれば認知症という診断になりますが、単身生活が長い方で、社会との交流が乏しく外傷や脳血管障害が起きてしまう前の生活状況が詳細にわからないという方の場合、どちらの用語を使用するのが適切か迷うこともあるかもしれません。当初は判断が難しい場合でも、時間経過を追っていくことがで明らかになる方もいます。

　認知症は、症状が徐々に進行する病状であり、高次脳機能障害は脳損傷によるもので症状の進行、悪化は生じないと考えます。高次脳機能障害で健忘症状が徐々に悪化しているというような経過であれば、認知症の併発を考えて、精密検査を病院で行っていくという対策をとるとよいと思います。

認知症の
検査・診断・告知

2

CONTENTS

01 病院に行くタイミング
02 検査の流れ❶認知症か否かを判断するための検査
03 検査の流れ❷原因疾患を特定するための検査
04 認知症の診断と告知

01 病院に行くタイミング

> **POINT**
> 本人に自覚がある場合と
> ない場合で対応が異なります。

何科に行けばいいの?

　認知症の診療を専門に行っている医師は精神科、神経内科、脳神経外科等さまざまですので、何科を受診すればいいのか、あるいはどの先生に診てもらえばいいのかわからないと感じることも多いのではないでしょうか。一番の近道は、お住まいの地域の役所の高齢・障害課で、あらかじめ認知症の診断をしている病院等の情報を集めておくとよいと思います。

　また、診察の結果「認知症ではないですよ。年相応のもの忘れですよ」と言われたとしても、それはあくまで現時点での話です。年相応のもの忘れが強まればMCI（軽度認知障害）（第1章 **07** 参照）となり、アルツハイマー型認知症に移行することもありますので、早期発見のためには、半年ごとに再検査したほうがよいでしょう。

病院に行くタイミング〜本人に自覚がある場合

　本人が「認知症ではないか?」と気にしている場合は、受診の意欲があるときを逃さず、病院に行きましょう。その際は、家族や専門職からみた状態も同時に伝えたほうが診断するうえで参考になるので、どなたかが一緒に受診してください。

図表2-1 家族が作った「認知症」早期発見のめやす

●もの忘れがひどい
- ☐ 1　今切ったばかりなのに、電話の相手の名前を忘れる。
- ☐ 2　同じことを何度も言う・問う・する。
- ☐ 3　しまい忘れや置き忘れが増え、いつも探し物をしている。
- ☐ 4　財布・通帳・衣類などを盗まれたと人を疑う。

●判断・理解力が衰える
- ☐ 5　料理・片付け・計算・運転などのミスが多くなった。
- ☐ 6　新しいことが覚えられない。
- ☐ 7　話のつじつまが合わない。
- ☐ 8　テレビ番組の内容が理解できなくなった。

●時間・場所がわからない
- ☐ 9　約束の日時や場所を間違えるようになった。
- ☐ 10　慣れた道でも迷うことがある。

●人柄が変わる
- ☐ 11　些細なことで怒りっぽくなった。
- ☐ 12　周りへの気づかいがなくなり頑固になった。
- ☐ 13　自分の失敗を人のせいにする。
- ☐ 14　「このごろ様子がおかしい」と周囲から言われた。

●不安感が強い
- ☐ 15　ひとりになると怖がったり寂しがったりする。
- ☐ 16　外出時、持ち物を何度も確かめる。
- ☐ 17　「頭が変になった」と本人が訴える。

●意欲がなくなる
- ☐ 18　下着を替えず、身だしなみを構わなくなった。
- ☐ 19　趣味や好きなテレビ番組に興味を示さなくなった。
- ☐ 20　ふさぎ込んで何をするのも億劫がりいやがる。

これは、日常の暮らしのなかで、認知症の始まりではないかと思われる言動を「家族の会」の会員の経験からまとめたものです。医学的な診断基準ではありませんが、暮らしのなかでの目安として参考にしてください。いくつか思い当たることがあれば、一応専門家に相談してみることがよいでしょう。

出典：公益社団法人認知症の人と家族の会

病院に行くタイミング～本人に自覚がない場合

　本人に自覚がない場合や、自然なかたちで受診することが難しい場合は、次のようなすすめ方してみてください。

家族が心配していることを丁寧に伝える

　家族に受診をすすめても、「もうそんなことはさんざん言ってきたけど、ダメでした」と言われることが多いと思います。ですが、もう一度本人ときちんと向き合って、家族が心配していることや早期受診のメリットなども説明し、一緒に病院に行くことを話し合ってもらいましょう。きちんと丁寧にお話しをするのは、身近な家族ほど、意外にする機会がないように思います。どうしても普段の会話の調子だと、会話のやりとりのなかで「そんなことないわよ。私は大丈夫よ。そんなことより……」と別の話題に変わってしまったり、テレビを見始めてしまったりすることがあります。同じ話でも、ときにはケアマネジャーも同席して話したり、自宅ではなく喫茶店で話をしてみるのもいいかもしれません。

　また、ご自分の配偶者より娘や息子さんから話をしてもらうとか、高校生ぐらいのお孫さんがいるようなら、お孫さんから話をしてもらえたらいいかもしれません。孫の頼みはむげにできないという方は多いようです。

かかりつけ医から受診をすすめてもらう

　長年かかっている医療機関があれば、信頼関係がある担当の医師から話をしてもらうと、専門医の受診につながることもあります。その際、事前に電話をして、看護師などに「家族としては、もの忘れが心配で専門の病院を受診してもらいたいが、本人は心配ないと言って受け入れてくれない。先生から、検査をしてはどうかと専門医の受診を提案していただき、紹介状（診療情報提供書）も書いてほしい」と依頼しておくとよいでしょう。

他の家族と一緒に受診をする

　自分はしっかりしているのに、病気にさせるつもり？　とプライドを傷つけられたと感じてしまう方も多いと思います。その場合、例えば配偶者の方やご兄弟

01 病院に行くタイミング

2 認知症の検査・診断・告知

といった身近な同年代の方と2人で同時に受診するという方法もおすすめです。

　本人の拒否が強いようなら、本人は「付き添い」で、一緒に診察室に入るようなかたちをとって、家族が診察を受けている先生に「今日は私のことで受診しましたが、よかったら付き添いできたこの人（本人）も診察してくれませんか?」とお話しして、受診するのもいいかもしれません。また、家族の訪問診療をお願いして、「ついでに」診ていただくというのも実現しやすいように思います。

> **医師からのアドバイス**
>
> 　受診の際に、本人に自覚症状がある場合とない場合ですすめかたが変わります。本人に自覚がない場合、なかなか受診につなげられず困ることもあるかもしれません。ご家族の苦労を察して、どのようにしたら本人が納得して受診をしてくれるか、本人・家族と一緒に考えましょう。

02 検査の流れ❶
認知症か否かを判断するための検査

> **POINT**
> 問診の際は、いつから症状がでているのかなど
> あらかじめ紙に書いて持って行くとよいでしょう。
> 評価スケールを行う際は、
> 本人のプライドに配慮することが必要です。

　認知症の診断には2つの段階があります（図表2-2）。1つは認知症か否かの診断です。もう1つは認知症の原因疾患の診断、身体疾患との鑑別です。認知症か否かの診断の目安には、問診、認知症簡易検査（長谷川式認知症スケール、MMSE、CD-Rなど）を行います。これはかかりつけ医が行うこともあります。もう1つの原因疾患の診断や認知症と似た症状を呈する身体疾患の鑑別には、これらに加えて画像検査、血液検査などを行います。こちらは専門医が行うことが多いです。

問診

　まず、病院では、最初の受診の際に、以下にあげるようなことを聞きます。本人、家族それぞれからうかがいます。
　医師がまず確認したいことは、❶いつから、どのような症状が出始めたのか、❷本人が困ってること、❸家族が困っていること、❹病歴、❺現在治療中の病気、❻使っている薬です。
　続いて生活環境をうかがいます。❶現在の生活環境、❷いつからその生活環境であるのか、❸現在、仕事をしているか、❹退職しているなら、いつ退職したのか。
　日常生活面では、洗濯、掃除、料理、買い物、金銭の管理、銀行の通帳の管理、

02 検査の流れ❶認知症か否かを判断するための検査

図表2-2 認知症の診断の流れ

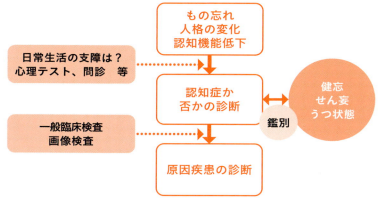

＊認知症診断の流れは2段階、「認知症か否か」と「原因疾患」の診断がある。
　それぞれに特徴的なアプローチ［点線の矢印］がある。
　［認知症か否か］の診断には通常のもの忘れ、健忘、せん妄、そしてうつ病を鑑別する必要がある。

出典：長谷川和夫・長谷川洋『よくわかる高齢者の認知症とうつ病』中央法規出版、2015年、52ページ

入浴、毎日の服装の選択などで、本人が１人でできること、本人もできるが家族がやっていること、本人はできず家族がやらなくてはいけないこと。また、日々の生活で楽しみにしていること、継続している趣味があるかも確認したい項目です。

　このような項目は本人を前にしては話しにくいことかもしれません。せっかく受診したのに、本人がプライドを傷つけられたと感じて拒否的になってしまったり、２回目以降の受診中断につながってしまっては大変残念です。

　なかには本人と家族、別々に話をうかがう診療体制をとっている医療機関もあります。利点としては本人に気兼ねなく家族が心配していることを伝えることができるという点があるでしょう。欠点としては、本人が、「自分のいないところで、何を話しているんだろう」と医師や家族に不信感を抱く可能性があることです。

　家族の気持ちや医師に伝えたいことは事前にレポート用紙などにまとめておき、診察前に先生に読んでいただきたいと伝えて、受付で渡しておくとよいでしょう。なお、今までの経過などは医師だけでなく、介護サービスを受けるときにも何度も聞かれることなので、レポート用紙のコピーを保管しておくことをおすすめしています。

認知機能検査（スクリーニング検査）

　認知機能検査（スクリーニング検査）は、そのときの本人の体調や検査への意欲によって、結果が異なる可能性のある検査です。本人が希望して受ける場合でも、検査は本人にとって負担がかかるものです。03で説明する画像検査や血液検査などでは、本人の心理状態で検査結果が変わることはありませんが、心理検査はそのときの心理状態で結果が変動する可能性がありますので、「絶対の結果」でなく、「参考にする結果」ととらえたほうがよいでしょう。

長谷川式認知症スケール

　もの忘れに対しての検査として行うことが多い評価スケールに、改訂長谷川式簡易知能評価スケール（HDS-R）というものがあります（図表2-3）。世界的にはMMSE（45ページ）という検査が1975年に発表され広く行われていますが、その1年前（1974年）に、日本では長谷川式簡易知能評価スケール（HDS）が発表されました。

　HDSは、私の父である長谷川和夫が東京慈恵会医科大学に勤務していたときに高齢者の健忘を調査する仕事があり、当時の指導医である新福尚武教授から「もの忘れの評価が日々変わってはいけない。評価の物差しを作るように」とすすめられたことがきっかけで作成したそうです。

　その後、時代の流れとともに、答えがでにくい質問を除き、新たな項目を加えるなどして、1991年当時、勤務していた聖マリアンナ医科大学の精神神経学教室の精神科医、心理士とともに、改訂長谷川式簡易知能評価スケール（HDS-R）を作りました。

　そして、2004年に「痴呆」から「認知症」へ改称されたことをうけ、現在では「長谷川式認知症スケール」と呼ばれ広く使用されています。

検査時の注意点

　検査時間は10分程で行うことができるため医師としては、日常の診察で行いやすい検査ですが、「今日は何年、何月何日、何曜日でしょうか?」や「ここはどこ

でしょうか?」といった質問に、「そんなこと、わかっています!」と怒ってしまう方もいます。本人にとっては、プライドを傷つけられたと感じて「もう病院には行かない、あそこの医者は信頼できない、あそこの薬は飲まない!」と治療を中断してしまうこともあるため注意が必要です。

　また、最近では家族が本やインターネットで評価スケールを入手し、「家で練習してきましたので、検査してください」と言う方がいます。家族が治療に関心をもつのは良いことかもしれませんが、本人にとっては、家族からテストをされるということは負担に思われるでしょう。また、「前よりできてないわよ！　しっかりして!」などと言われては、つらい気持ちになってしまうでしょう。ですから、私はこの検査は、本人に負担がかかる検査であることを説明して、診察でもあまり頻繁には行いませんし、家族が行わない方が良いことも伝えています。

HDS-Rでわかること

　HDS-Rには9つの質問項目があります。正答で1点、誤答で0点、設問7はヒントで正答で各1点、設問9は6つ野菜の名前を答えられれば1点、そこから正答が1つ増えるごとに1点増しとなります。

　合計得点は満点で30点です。認知症かどうかの境界点数(カットオフポイント)が20点前後です。HDS-Rは、アルツハイマー型認知症で生じやすい「遅延再生」の障害を見つけやすい検査です。一方でレビー小体型認知症ではもの忘れが目立たないことも多くHDS-Rでは高得点を取る方も多くいます。ですから、HDS-Rだけで認知症かどうかを判断することは避けるべきです。

　アルツハイマー型認知症で生じやすい遅延再生は、設問7に反映されます。設問7は、設問4で「3つの言葉を繰り返しおっしゃってください。繰り返して言っていただいた3つの単語を後ほどうかがうのでよく覚えておいてください。桜、猫、電車(繰り返し言っていただく)。はい、後ほどうかがうので覚えておいてくださいね」という項目があり、設問5、設問6で計算や数字の逆唱といった課題をやっていただくと数分間の時間が経って設問7となります。設問7では「先ほど、繰り返して言っていただいた3つの言葉はなんでしたか?」という問いです。少し前のことを思い出すということ、これが遅延再生という項目です。そのまま返答されれば、正答1つにつき2点です。途中で考え込む様子のときには、

図表2-3 改訂長谷川式簡易知能評価スケール(HDS-R)と各設問が問うてること

質問内容		配点	記入	検査の目的
❶お歳はおいくつですか? [2年までの誤差は正解]		0, 1		記憶力
❷今日は何年の何月何日ですか? 何曜日ですか? [年月、曜日が正解でそれぞれ 1点ずつ]	年	0, 1		時の 見当識
	年	0, 1		
	年	0, 1		
	曜日	0, 1		
❸私たちが今いるところはどこですか? [自発的にでれば2点、5秒おいて、家ですか? 病院ですか?施設ですか?の中から正しい選択 をすれば1点]		0, 1, 2		所の 見当識
❹これから言う3つの言葉を言ってみてください。 あとでまた聞きますのでよく覚えておいて ください。 [以下の系列のいずれか1つで、採用した系列 に○印をつけておく] 1…[a] 桜 [b] 猫 [c] 電車 2…[a] 梅 [b] 犬 [c] 自動車		0, 1		即時 記銘力
		0, 1		
		0, 1		
❺100から7を順番に引いてください。 [100-7は?それからまた7を引くと? と質問する。 最初の答えが不正解の場合、 打ち切る]	93	0, 1		計算力 注意力
	86	0, 1		
❻私がこれから言う数字を 逆から言ってください。 6-8-2、3-5-2-9 [3桁逆唱に失敗したら打ち切る]	2-8-6	0, 1, 2		記銘力 注意力
	9-2-5-3	0, 1, 2		

質問内容	配点	記入	検査の目的
❼先ほど覚えてもらった言葉を もう一度言ってみてください。 ［自発的に回答があれば各2点、 もし回答がない場合、以下のヒントを与え 正解であれば1点］ [a] 植物　[b] 動物　[c] 乗り物	[a] 0, 1, 2 [b] 0, 1, 2 [c] 0, 1, 2		遅延 再生力
❽これから5つの品物を見せます。 それを隠しますので何があったか 言ってください。 ［時計、鍵、タバコ、ペン、櫛など 必ず相互に無関係のもの］	0, 1, 2 3, 4, 5		記銘力
❾知っている野菜の名前を できるだけ多く言ってください。 ［答えた野菜の名前を右欄に 記入する。 途中で詰まり、約10秒間待っても 答えない場合にはそこで打ち切る。 5個までは＝0点、6個＝1点、 7個＝2点、8個＝3点、9個＝4点、 10個＝5点］	0, 1, 2 3, 4, 5		発語の 流暢性

合計得点

満点は30点　カットオフポイントは20/21［20以下は認知症の疑いあり］

出典：加藤伸司・長谷川和夫他「改訂 長谷川式簡易知能評価スケール（HDS-R）の作成」『老年精神医学雑誌』第2巻11号、1991年、1342ページを一部改変

「1つ目は植物でしたね。2つ目は動物でしたね。3つ目は乗り物でしたね」といったヒントを出します。ヒントで正答するようなら1つにつき1点です。設問7は合計で6点になります。

　アルツハイマー型認知症の方に関しての設問7は重要で、介護保険の医師意見書に「遅延再生の項目では6点満点で2点」といった記載をされる先生もおられます。ケアマネジャーさんにも知っておいていただきたい項目です。

点数以外にも得られる情報

　検査中に点数以外にも、❶検査中の振り返る様子、❷取り繕いなどの情報もえられます。

　❶検査中の振り返る様子については、家族が一緒に診察室に入っているときにみられることがあります。例えば、設問1の「お歳はいくつですか?」と問いかけたときに、そばにいる家族のほうを見るのです。自分の記憶に自信がないためかもしれません。

　❷取り繕いは、アルツハイマー型認知症の人に多くみられます。例えば、設問1の「お歳はいくつですか?」の問いには、「先生こそおいくつかしら？　うちの息子と同じぐらいかしら?」とお答えになることがあります。設問2の「今日は何年の何月何日、何曜日ですか?」の問いには「今日に限って新聞を読み忘れたわー」とお答えになることがあります。また設問7「先ほど覚えてもらった言葉をもう一度言ってみてください」との問いには、「覚えていようと思ったら覚えていられましたけれど、そんなことおっしゃらなかったから忘れてしまったわー」といった具合です。アルツハイマー型認知症の人に、比較的多くみられる答え方です。直前の記憶は維持しにくく正答に至りませんが、今まで身につけてこられた社会性は保たれており、会話はスムーズで、上手くその場を取り繕うことができるのです。

　このように10分程、9つの質問から多くの情報を得ることができるため、診察を行ううえで大切な検査です。繰り返しになりますが、検査される側にとってはプライドを傷つけられたと感じる可能性がある検査であります。検査にあたっては「決まった9つの質問をさせていただきます。設問のなかには、○○さんには簡単な質問も含まれてしまうのですが、順番にうかがう必要がありますのでご勘

弁いただいて、検査をさせていただきたいのですがお願いできますでしょうか」といった断りをしたり、検査終了後には「ありがとうございました。そのときの体調で正答にばらつきはでるものですし、心配ありません。ご協力いただけてよかったです」と検査が無事に終わったことをお伝えするといいと思います。

MMSE

MMSE（Mini-Mental State Examination：ミニメンタルステート試験）は、世界中で広く使用されている検査法です。先ほど紹介した長谷川式認知症スケールと同じように診察室で比較的短時間で行うことができる検査であり、介護保険の医師意見書でも「MMSEは○点」という記載を目にされることも多いと思います。

MMSEは時間の見当識、場所の見当識、3単語の即時再生と遅延再生、計算、物品呼称、文章復唱、3段階の口頭命令、書字命令、文章書字、図形模写の計11項目から構成される30点満点の認知機能検査です。23点以下が認知症疑いであり、27点以下はMCI(軽度認知障害)（第1章 **07** 参照）が疑われます。

CD-R

CD-Rは評価表です。本人、家族から最近の様子、日常生活でできていること、時々うまくいかなくなること、できなくなってしまったことをうかがい、医師の判断で判定をします。CD-Rは介護保険の医師意見書で「昨年よりCD-Rが○点に悪化している」といった記載を目にすることもあるかもしれません。

> 認知機能検査は、本人の体調や意欲で結果が変動するので、あくまで検査の結果は目安です。日々の暮らしの障害がどのようなことなのか、実際に起こっていることを整理することが大事です。

03 検査の流れ❷ 原因疾患を特定するための検査

> **POINT**
> 認知症ではない身体疾患を
> 除外するために、頭部CT、
> MRIは一度は行いたい検査です。

画像検査

　認知症の原因にはさまざまな疾患があります（第1章03参照）。認知症の診断を行う際には、その診断に用いられる検査と、画像検査を併用することがあります（図表2-4）。詳細な画像検査を行っていくことは、診断を行ううえで有用ですが、一方で大きな病院を受診する必要があること、医療費がかかることから、本人や家族に肉体的にも経済的にも負担がかかります。

頭部CT
　CT（シィティ）の検査を行う最大の目的は、診断をつけることではなく、可能性のある病気を減らすために行います。認知症の原因にはさまざまな身体の病気がありますが、正常圧水頭症、慢性硬膜下血腫は、CTの検査で発見することができる治る認知症です。CTの検査は、比較的短時間で安静に行える利点があり、大病院だけでなく脳神経外科のクリニック等でも設置してあることも多く、医療機関が少ない地域でも比較的行いやすい検査といえます。

頭部MRI
　ＭＲＩ（エムアールアイ）では、CT同様に診断をつけるのが目的でなく、可能性のある病気を減らすために行います。MRIはCTに比べて、さまざまな角度の脳の断面をみることができますので脳腫瘍の発見に有用です。また、アルツハイマー型認知症の人

03 検査の流れ❷原因疾患を特定するための検査

図表2-4 認知症の原因疾患の診断に用いられる検査

検査の種類		検出される認知症疾患
画像検査	頭部単純X線	頭部外傷
	頭部CTスキャン、MRI、SPECTなど	脳梗塞、脳出血、アルツハイマー型認知症、ピック病、脳腫瘍など
	脳血管撮影	脳梗塞、脳出血、脳腫瘍など
尿検査［タンパク、糖、ケトン体、沈渣］		腎疾患、肝疾患
血液検査	血液検査を含む、ヘマトクリット［Ht］、ヘモグロビン［Hb］、血沈	貧血、炎症
血清検査	血液尿素窒素［BUN］、血中尿素	尿毒症、肝疾患
	ビタミンB1［VB₁］、ビタミンB12［VB₁₂］、葉酸	サイアミン欠乏症、悪性貧血、ペラグラ
	電解質［Na、K、Cl、Caなど］	心・肺疾患、腎疾患、内分泌疾患
甲状腺機能検査		甲状腺機能低下および亢進
梅毒血清反応		進行麻痺
薬物血中濃度		薬物中毒
肝機能検査		肝疾患
脳波検査		脳機能障害、てんかん、脳病変

出典：長谷川和夫『認知症診断のこれまでとこれから』永井書店、2006年、62ページを一部改変

では、病状が進行すると海馬という部分の萎縮がみられることがあります。それを画像で確認できます。ただし、病状の初期では海馬の萎縮は明らかでないことも多いので、確定診断の助けになることは少ないです。

脳波

脳波は近年再び有用性が着目されていますが、検査には30分程の時間がかかり、安静にしなければならず、本人が負担を感じることも多いことから、病状をみて施行するかどうか決めます。

この検査は、てんかんを除外するために行います。てんかんというと、乳幼児、学童期のお子さんがかかる病気と思われている方が多いのではないでしょうか。小児期では、意識を失い、全身をつっぱらせたり、けいれんが起きることが多く、周囲の方がびっくりする症状がでやすいのですが、ご高齢の方の発作は少し口をモゴモゴさせたり、数十秒ぼーっとする症状のことが多く、周囲の人が気がつか

ないことも多いのです。ただ、そのときにお話ししたことや行動を覚えていないということがわかると、認知症ではないかと心配して病院を受診されます。なお、てんかんは発作がないときは、HDS-Rのような検査をしても問題はなく普段はしっかりしていることが多いです。

SPECT

SPECT（スペクト）とは、放射線同位体を含む注射液を静脈に注射し、体内から放出されるガンマ線を測定することで脳全体の血流を測定します。例えば、アルツハイマー型認知症では側頭葉の血流低下がみられることが多く、レビー小体型認知症では後頭葉の血流低下が多くみられます。

認知症の病型を診断するときに有効ですが、認知症は徐々に進行していく病気で、途中から病型が併発することも珍しくありません。また、CT、MRI、脳波に比べるとどこの病院にも検査設備があるわけではなく、遠方にしかないという場合や経済的負担を考えて、この検査を行わずに経過をみることもあります。

PET

アミロイドPET（ペット）という検査法では、脳のどこにどれくらいアミロイドβが蓄積されているかを検出できます。アミロイドβと結合しやすい薬剤を注射して薬剤が発する放射線を検出、画像化します。SPECTと同様で、どこの病院でもできるという検査ではなく、医療費の負担を考慮しながら施行するかどうか検討します。

MIBG心筋シンチ

心筋シンチとは心臓の筋肉（心筋）に流れる血液量を画像化する検査です。

この検査は、レビー小体型認知症を診断する際の診断基準の項目にもあげられています。レビー小体型認知症では、多彩な自律神経症状というものが現れます。そのうちの1つが交感神経系の所見で、心筋においてMIBGの取り込みの低下がみられます。

こちらの検査もSPECT、PET同様で、どこの病院でもできるという検査ではないこと、医療費の負担を考慮しながら施行するかどうか検討する検査ですが、

03 検査の流れ❷原因疾患を特定するための検査

若年認知症の人に関しては認知症と診断をする際に、できる限りの検査を行うほうがよいので、積極的な施行を考えます。

この他にもさまざまな画像検査が開発されておりますが、検査を行える病院はまだまだ限られており、本人や家族の大病院を受診する肉体的負担、医療費がかかるという経済的負担を考えて行うかどうか検討する必要があります。

血液検査、血清検査

血液検査、血清検査は認知症の除外診断を行うための検査です。一般的な検査では、貧血があるかどうか、肝臓、腎臓の機能障害が生じていないかを判断することができます。また、甲状腺機能低下症、ビタミンB_{12}欠乏症、葉酸欠乏症でももの忘れの症状が生じることがありますので、それらの測定も行います。

急激に生じるもの忘れの場合は、意識障害との鑑別も必要です。高血糖、低血糖を否定するために血糖値の測定、HbA_{1c}の測定を行います。また、高アンモニア血症の場合は、血中アンモニアを測定することで判別できます。

このような身体面の精査は、認知症の専門医にかかる前に、かかりつけの内科医がいれば、内科で行うのもよいと思います。

> **まとめ**
> さまざまな疾患が認知症の原因となり、また認知症と類似の症状を呈する身体疾患も少なくないです。一度は頭部CTかMRIを行うことをおすすめします。また、内科を受診して血液検査、血清検査もしておきたいところです。

04 認知症の診断と告知

> **POINT**
> 告知後の家族を支えることも
> ケアマネジャーの役割です。

認知症の診断

　認知症の診断では、本人、家族からの現在の生活上の困りごと、HDS-Rといった問診での検査結果、(行うことができていれば) 画像検査の結果、血液検査を参考にして判定を行います。数回の診察で、それぞれの診察日で病状の急激な変化がないかどうかも診断の一助になりますので、通常は何度か診察を行ってから診断結果をお伝えすることになります。

認知症の告知

　認知症と診断がついたとしても、当事者の方々に確定診断を短答直入にお伝えすることは避けています。その理由は、「認知症」という病名に対する不安がとても強いからです。そこで私は不安を和らげるために次のように伝えています。「検査では、3つの言葉を思い出していただくのが難しいという結果がありました。直前の記憶が維持しずらいというのは、このまま放っておくとひどくなることが多いので、これ以上悪化しないような治療をしていきたいと思います。○○さんにしばらく通院していただき、経過をみていきたいのですがいかがでしょうか?」といった説明をします。

　また、病状を伝える際に、本人と配偶者の方だけにお伝えすると、配偶者の方が負担に感じてしまうことも多くあります。家族に詳しく説明する場合は、でき

れば息子や娘さんにもお越しいただき、一緒に話を聞いてもらえるといいと思います。

複数の家族に話ができる場合は、今後利用できる介護サービスについても説明します。介護サービスを利用するかどうか、まずは地域包括支援センターで相談することをおすすめしています。

告知後の家族の支え方

認知症の告知を受け、本人や家族は大変なことになったとショックを受けます。テレビで特集される認知症関係の番組は、認知症介護の大変さをテーマにしていることが多く、そのような番組をみて、「認知症になったら大変だ」というお気持ちになるのでしょう。しかし実際には、認知症は急速に症状が悪化してしまうことは少なく、本人が失敗なく過ごせる環境を介護サービスを利用し、整えることで、穏やかな日々を何年も過ごしている人も多いのです。つまり、認知症の人を支えるうえで、ケアマネジャーのはたす役割はとても大きいのです。

診断だけを伝えるのではなく、認知症は1人ひとり出現する症状も、病気の経過も大きく異なる病気であること、国の支援体制も整ってきている病気であること、たくさんの方々がこの病気の治療を受け、充実した生活を継続することができていること、これからのことを一緒に考えていくことを丁寧に説明しましょう。

> **まとめ**
> 認知症の告知を受け動揺される方が多いです。ともに歩むことを本人や家族に伝えて支援していきましょう。

認知症の治療と薬

3

CONTENTS

01 認知症の治療の流れ
02 中核症状への薬物療法
03 BPSDへの薬物療法
04 認知症の非薬物療法
05 なじみの環境

01 認知症の治療の流れ

> **POINT**
> 治療の4つの柱は、
> 薬物療法、非薬物療法、
> 適切なケア、なじみの環境です。

定期受診とその際のポイント

　認知症と診断を受けた後、医療機関では「認知症の進行を遅らせるため」の薬物療法を開始するかどうかの相談を行います。一般的には副作用がでていないかどうかを確認するために、2週間から4週間に1度受診してもらいます。不安やイライラの症状が強い場合には、漢方薬から開始することもあります。その場合も通院間隔はやはり2週間から4週間に1度になると思います。定期受診は、本人や家族と定期的にお話しをすることで相談しやすい関係性を築くことも目的としています。

家族に「診察ノート」を作ってもらう

　また、認知症と診断をした後も、診察を半年、1年と継続していくなかで、うつ病との鑑別や他の疾患の可能性がないかどうかも考えながら診察をしていきます。本人、家族によくおすすめする方法に「診察ノート」を作成していただくことがあります。
　私が診察のときに診療録を記載するのと同様に、ノートの左ページに前回診察から今日まで何か気になったこと、楽しかったこと、相談したいことを箇条書きで書いてきていただき、右のページに診察で話をしたことを書いていただくという方法です。
　細かく書こうとすると大変ですが、診察を待っている間、薬局でお薬を受け取

るまでの短時間で書くぐらいでも、時間経過がわかるのでよいと思います。なお、このようなノートでなくても、診察の際には鉛筆とメモ用紙を持ってきて、記録をつけることをおすすめしています。

認知症の治療

認知症の治療には、4つの柱があるといわれています。それは、❶薬物療法、❷非薬物療法、❸適切なケア、❹なじみの環境です。

薬物療法は **02**、**03** で詳しく説明しますが、記憶障害を遅らせるなどの作用がある認知症の中核症状に対して使用する薬と、BPSD（認知症の行動・心理症状）に対して使用する薬が主に使われます。この2つの薬は作用がまったく異なりますが、混同している人も多いので、正しく理解しておきたいところです。

04 で説明する非薬物療法とは、脳活性リハビリテーションとも呼ばれるもので、回想法や音楽療法、運動療法などです。

認知症を根本的に治す薬は現在開発されておりません。進行を遅らせる薬はありますが、それらも有効率は3〜4割と言われています。薬だけでは限界があるので、認知症の治療は薬物療法に加えて、適切なケアの提供や **05** で説明するなじみの環境づくりといった、認知症の人が心地よく過ごせる空間づくりや、心穏やかに暮らしていただくことも大切な治療となっています。

医師からのアドバイス

診察の際には「診察ノート」を持参して、医師とのやりとりのツールとして活用することをおすすめしています。認知症の治療は長期にわたりますので、医療職・介護職・本人・家族が連携して行うことが大切です。

02 中核症状への薬物療法

> **POINT**
> 認知症の根本治療薬はありません。
> 進行を遅らせる薬を使用します。

　認知症の薬物療法は大きく分けて２つあります。１つは認知症の中核症状に対して使用する薬、もう１つはBPSDに対して使用する薬です。ここでは、前者の中核症状に対する薬物療法を説明します。

　中核症状に対する薬物療法としては、「直前の記憶が維持しにくい症状」がある場合は、「症状の進行を遅らせるお薬があります。○○さんにもお使いいただくといいと考えていますが、いかがでしょうか」とおすすめします。このような症状に使用する薬を抗認知症薬といいますが、現在、日本で承認されているのは、コリンエステラーゼ阻害剤というタイプの３種類とNMDA受容体拮抗薬というタイプの１種類になります（平成30年６月現在）。

　抗認知症薬は症状の進行をゆるやかにするのが主な働きですから、診断がつき次第、開始するのがいいと思います。また、生活能力を保てるという一面も持っているので、副作用が出なければ、なるべく使用していくほうがいいでしょう。

日本で承認されている抗認知症薬

　日本で承認されているアルツハイマー型認知症に対する薬は次の４種類です（図表３-１）。
　❶ドネペジル（アリセプト）
　❷ガランタミン臭化水素酸塩（レミニール）
　❸リバスチグミン（リバスタッチパッチ、イクセロンパッチ）

02 中核症状への薬物療法

図表3-1 アルツハイマー型認知症に対する薬

成分名 （製品名）	ドネペジル （アリセプト）	ガランタミン （レミニール）	リバスチグミン （リバスタッチ、イクセロン）	メマンチン （メマリー）
薬のタイプ	コリンエステラーゼ阻害剤			NMDA受容体拮抗剤
アルツハイマー型認知症の適応症	軽度～重度	軽度・中等度		中等度・重度
剤形	錠剤・細粒・口腔内崩壊錠・内服ゼリー	錠剤・口腔内崩壊錠・内用液	パッチ剤（貼付剤）	錠剤
投与回数	1日1回	1日2回	1日1回	1日1回
用量・用法	3mg・5mg・10mg	4mg・8mg・12mg	4.5mg・9mg・13.8mg・18mg	5mg・10mg・20mg
製薬会社	エーザイ	武田薬品・ヤンセンファーマ	小野薬品、ノバルティスファーマ	第一三共

ドネペジルは、レビー小体型認知症の保険適応です。

図表3-2 アルツハイマー型認知症の治療薬　投薬漸増スケジュール

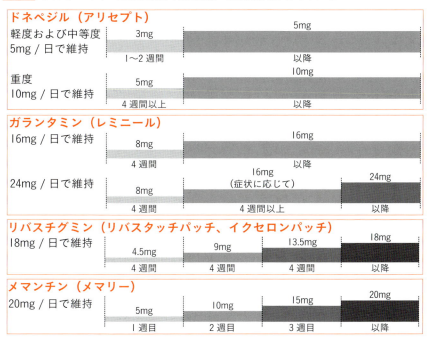

認知症の治療と薬

❹メマンチン塩酸塩（メマリー）

❶から❸までが抗コリンエステラーゼ阻害薬という種類で、アセチルコリンという神経伝達物質の濃度を保つことで認知症の症状の進行をゆるやかにする働きをする薬剤です。ほぼ同じ作用ですので併用はできません。

❹の薬剤はNMDAという受容体に作用をして、認知症の症状の進行をゆるやかにします。❶から❸までの薬剤と作用点が異なるので、併用することができます。また併用することで、効果が強まる期待もありますが、一方で医療費が高額になってしまうことも考えなければなりません。

塩酸ドネペジル（アリセプト）

この薬剤は日本で開発された薬剤です。製薬会社エーザイの筑波探索研究所の杉本八郎先生が中心になり開発し、日本では1999年12月から使用されています。国内初の抗認知症薬であり、2011年まではこの薬剤しかなかったこともあり、いまでも多くの医師が使い慣れているといえる薬です。

使用方法は3mg錠を1日1回、1週間から2週間使用して副作用がないかどうか確認し、問題なければ1日1回5mgを継続して使用するという使用方法です。病状が進行して、重度のアルツハイマー型認知症の方には、10mgに増量をすることができます。

副作用として胃もたれ、吐き気が生じることがありますので、胃薬を併用することもあります。また、脈が遅くなる徐脈が生じることもありますので、不整脈の治療中の方は担当医に確認したほうがよいでしょう。また、少し活気がでるという作用がでる方がいます。いい作用ですが強くでてしまうと、イライラや怒りっぽくなった気がするという方もいます。1日1回の内服ですむ利点がある一方で、薬剤の作用時間が長いことから、不眠や夜に落ち着きがなくなるという方もいます。

医療費の点からすると、ジェネリック医薬品が発売されており、薬剤費の負担を軽減できる利点があります。ただし、レビー小体型認知症の使用で認められているのは、アリセプトだけですので、この病状に使用する際にはジェネリックへの変更はできません。

ガランタミン臭化水素酸塩（レミニール）

　この薬剤も塩酸ドネペジル同様に、コリンエステラーゼ阻害作用という働きからアセチルコリンという神経伝達物質の濃度を保ち、アルツハイマー型認知症の病状の進行をゆるやかにする薬剤です。

　使用方法は4mgを1日2回、4週間内服して副作用がないことを確認できれば8mgを1日2回使用することを継続します。病状をみて最大で12mgを1日2回まで使用することができます。

　副作用としては、塩酸ドネペジルと同様に胃もたれ、吐き気、徐脈といったことがみられます。作用時間が短く、1日2回内服する必要がありますが、塩酸ドネペジルよりもイライラや怒りっぽさは起こりにくく、不眠や夜に落ち着きがなくなるということも起こりにくい傾向があります。

リバスチグミン（リバスタッチパッチ、イクセロンパッチ）

　この薬剤もドネペジル、ガランタミン同様の作用を期待している薬剤ですが、日本では貼り薬で認可されていることが特徴です。2つの製薬会社から発売されておりますが、どちらも同じ成分で違いはありません。

　使用方法は早めに増量する方法も認可されましたが、一般的には4.5mgを4週間、副作用がでていないか確認しながら9mgを4週間、13.5mgを4週間、18mgを継続していきます。

　貼り薬を貼る場所は背中、前胸部、両上腕に1日1回交換して貼っていきます。皮膚のかぶれ、かゆみを防ぐために、毎日貼る場所を変える必要があります。胃もたれや吐き気といった副作用が生じにくく、食欲が低下している方に使用しやすい薬剤です。また、薬を飲むのを嫌がる方や、薬をすすめられるとイライラしてしまい家族と口論になってしまう方にも、貼り薬は受け入れられやすいでしょう。日本では若い頃から肩こりや筋肉痛に貼り薬を使う方が多いので、貼り薬や膏薬に抵抗感が少ないのかもしれません。

　また、薬を飲んだかどうか家族が確認する際に「お薬飲んだ?」「もう飲んだよ!」「本当に飲んだの?」といった会話のやりとりで、本人のプライドを傷つけて

しまったり、険悪な雰囲気になることもありますが、貼り薬の場合では「背中に貼ろうか？」「そうだな、頼むよ」といった会話ですみ、本人もいちいち確認されているといった感情を抱かずにすむのでコミュニケーションがとりやすくなります。

飲み薬に比べて貼り薬の貼りかえは、どの時間帯に行ってもよいので、仕事をしている家族が服薬を管理している場合は、家族がかかわりやすい時間帯に交換できるのは利点の１つです。一方で、皮膚のかぶれやかゆみが生じやすいので、保湿剤などの塗り薬を併用する必要があります。

メマンチン塩酸塩（メマリー）

他の抗認知症薬とは異なり、NMDA受容体に作用しアルツハイマー型認知症の進行をゆるやかにする薬剤です。作用点が異なることから他の３種類の抗認知症薬と併用することができます。

使用方法は最初は５mgを１週間、その後副作用が生じていないことを確認しながら１週間ごとに５mgずつ増量していき、１日20mgの使用を継続する薬剤です。途中の用量では、長期に使用したときの効果が不十分であったという報告もありますので、原則としては20mgを使用します。ただし、お薬の効果は個人差がありますので、ふらつきやめまいが続くようなら15mgまたは10mgに減量して使用することもあります。

副作用としては、めまい感、ふらつきがみられることがあります。１日１回の使用ですので、夕食後に飲んだほうが生活に支障がでないでしょう。

メマンチンは、第４章で述べるBPSDの症状であるイライラや怒りっぽさを改善するという報告もあります。

この薬剤も少量から増量をしていくため、本人、家族から増量の途中で、「先生、薬はあまり増やしたくないのですが……」と言われることがあります。認知症の進行をゆるやかにする薬剤とそのときの混乱や不安をその瞬間に落ち着かせる作用を期待して使用する薬剤とは混乱しがちで、お薬の種類や使用目的を丁寧に説明する必要があります。

認知症の薬は、少量から始めて増量していく

　本人または家族から、「病状が悪化しているのですが、お薬が効いてないのでは?」という訴えがあった場合、他の薬剤に変更することもあります。各薬剤は少量から副作用の出現がないか、などを確認しながら増量していく規定があります。そのため、切り替えの際にも少量から開始していくことになります。もし、薬剤の変更でさらに症状が悪化するということがあるようなら、変更前の薬剤は効果があったと考えてもいいかもしれません。

　各薬剤は、増量の仕方が決められています。医師の判断で期間は変わる場合もありますが、基本的には前述のとおり少量から開始して、診察して著しい副作用がなければ増やしていきます。このことを丁寧に説明していないと、本人や家族は「何も変わっていないので大丈夫ですと言ったのに、薬局でお薬が増えていますねと言われ、びっくりしました」と話されます。そして、担当医に不信感をもって、治療を中断してしまうこともあります。各薬剤は増量の仕方が決められているということをケアマネジャーからもお伝えいただくとよいでしょう。

　進行をゆるやかにするという薬の効果を判定するのは難しく、半年程度の間隔で長谷川式認知症スケールなどの問診検査を行って、大まかな点数の推移を比較してみます。ただ問診の検査は、そのときの検査への意欲でも点数の変動は生じますので、厳密に1点、2点の変化で判断せず、家族には暮らしに支障がでていないかどうかをうかがうことが大切です。

医師からのアドバイス

　ここで紹介した抗認知症薬は、認知症の病状の進行を遅らせる働きがあり、生活障害、暮らしの障害をおきにくくする働きもあります。ご本人にとって不快な症状や身体面で薬の副作用が生じているということがなければ、長期間継続したほうがよい薬です。

03 BPSDへの薬物療法

> **POINT**
> 副作用に注意しながら
> なるべく短期間の使用を心がけます。

　これから説明する薬剤はBPSDで使用する薬剤です。これらの薬剤は、今、生じている混乱や不安を和らげる薬剤であり、可能な限り短期間で使用します。「精神を落ち着ける薬剤」でも使用目的や使用方法が異なりますので、覚えておいていただきたいと思います。

BPSDとは

　BPSDとは、Behavioral and Psychological Symptoms of Dementiaの頭文字をとったもので、「認知症の行動・心理症状」というものです（第4章 **01**, **08**参照）。「周辺症状」と言われることもあります。以前は「問題行動」という用語が使われていたこともありましたが、本人にとっては問題のある行動をしているわけでなく、不安や突発的な出来事に対処することができずに、混乱してしまった結果に生じてしまう症状なので、このような言い方はしなくなりました。

　BPSDに対しては、薬物療法を考えるのではなく、まず、どうしてBPSDが生じているのか、その状況を詳しく調べて改善するようにかかわることが先決です。本人がなぜそのような気持ちになっているのか、なぜそのような行動をとったのか、どうしたら本人にゆとりを持ってもらえるのかなどを、家族や介護職など、普段かかわっている方々の話なども参考にしながら推察し、かかわりや環境を見直していくことが大切です。あくまでも、そうした工夫を行ったうえで、それらを補う方法の1つとして薬物療法を考えます。

03 BPSDへの薬物療法

図表3-3 BPSDに使用することがある主な薬

薬剤分類	効果	副作用	薬剤の一般名
定型抗精神病薬	鎮静作用	小刻み歩行 嚥下障害 アカシジア	ハロペリドール クロルプロマジン
非定型抗精神病薬	鎮静作用	定型抗精神病薬と同じ副作用が生じるが軽度 血統が上昇することがあり 糖尿病で禁忌の薬剤あり	リスペリドン クエチアピン オランザピン
選択的セロトニン 再取り込み阻害薬 (SSRI)	不安の改善 気にし過ぎの改善	吐き気 下痢	フルボキサミン セルトラリン エスシタロプラム
セロトニンノルアドレナリン 再取り込み阻害薬 (SNRI)	意欲の改善 慢性の痛みの改善	吐き気 血圧上昇	デュロキセチン
ノルアドレナリン作動性 特異的セロトニン作動性 抗うつ薬 (NaSSA)	睡眠の改善 不安の改善 食欲の改善	眠気 ふらつき 体重増加	ミルタザピン
ベンゾジアゼピン系 抗不安薬、睡眠剤	睡眠の改善 不安の改善	翌日の眠気、ふらつき、健忘	エチゾラム ブロチゾラム
非ベンゾジアゼピン系 睡眠剤	睡眠の改善	翌日の眠気、ふらつき、健忘	ゾルピデム
メラトニン受容体作動薬	睡眠リズムの改善	翌日のふらつき少ない 効果がでるのに2週間程かかる	ラメルテオン
オレキシン受容体作動薬	睡眠の改善	翌日の眠気 悪夢	スボレキサント
漢方薬	不安の改善	苦み、蕁麻疹	抑肝散

すべての薬剤は、認知症で承認をうけていない。用法、用量で効果、副作用が変わることもある。

　ただ、介護は支えるほうも支えられるほうも、どちらにとっても時間の経過とともに行き詰ったり、疲れてしまうこともあります。そのようなときに「症状を改善するのに、お薬を使ってみましょう」というのは救いになるのではと思います。すべての症状を介護の対応でよくしようと考えるのは、介護をする側にとってしんどいことです。症状が改善しないときは「今のお薬は効果がでませんでしたか。それでは今度はこちらのお薬を使ってみましょう」と、今のつらい状況を「お薬が効いてない」と薬のせいにすることができ、「このお薬を使うと、症状が和らぐ」と薬に期待することで、何かよい変化がでないかと、よい面を探すきっかけになります。

BPSDに対して使用される薬

　主に使用するものは漢方薬や、もともとは統合失調症の治療剤として開発された薬です。よく使用する薬剤名、期待する効果、副作用を図表3-3にあげます。
　精神に作用する薬剤はどの薬剤でも個人差が大きいのですが、BPSDに使用する薬剤の効果も個人差が大きいです。また高齢者に副作用がでやすい薬を使用するため、薬剤管理も必須です。副作用のなかでも飲み込みにくさ、ふらつき、小きざみ歩行といった症状は暮らしにくさを強めてしまうため副作用が生じていないか注意が必要です。大事なことは「副作用がでていない薬剤を使用する。可能であれば短期間にとどめる」ということです。

　認知症の人に使用する薬剤は02で紹介した抗認知症薬という進行を遅らせる効果の薬とBPSDに対する薬があります。抗認知症薬は少量から増量し継続していきます。一方、BPSDに対する薬は副作用がでていないか注意深く経過をみながら少量、短期間で減薬または中止していきます。

> **まとめ**
> 抗認知症薬とBPSDに使用する薬剤は混同しやすいですが、使用目的が異なることを知ることが大切です。BPSDに使用する薬剤は副作用がでていないかどうかをたえず確認していく必要があります。

COLUMN 3 本人と接するときには尊厳を大切にする

　実際に本人と接するときは、敬い、尊敬する気持ちをもって接することが基本です。そのような気持ちを持つきっかけは、その方を深く知ることです。たくさんお話しをうかがうことができたらいいかもしれませんが、ケアマネジャーは限られた時間のなかで接するので工夫が必要です。

　例えば、その方が生きてきた時代の歴史を勉強するということも1つの手です。88歳の方であれば、終戦のときは16歳、東京オリンピックのときは35歳、阪神淡路大震災は64歳……と振り返り、そのときにどう過ごされていたかをうかがうことで、「年を重ねてこられた重み」を感じることができます。このような個人史を知ることで、会話も深くなり、その方を敬い、尊敬する気持ちが高まるでしょう。

04 | 認知症の非薬物療法

> **POINT**
> 本人の好きなこと、無理せず続けられることを
> やってみましょう。
> 本人も家族も、頑張りすぎないことが大切です。

　薬物療法では、薬剤の効き方に個人差があるということを書きましたが、非薬物療法はさらに個人差が大きいかもしれません。非薬物療法の一例を図表3-4にまとめました。

　認知症になって、介護や医療が必要になると、一見みなさん同じような状態にみえてしまうかもしれません。しかし1人ひとりに長い歴史があります。まずは、その方がどのような人生をおくってこられた方なのか、本人や家族から可能な限り情報を集める（アセスメントする）ことが大切です。

　例えば出身地や長く過ごした地域をあらかじめうかがっておくと、名産や郷土料理などの話題で話の糸口をつかみやすいでしょう。また、動物が好きな方には動物介在療法は有効でしょうが、嫌いな人には逆効果になるのは想像に難くありません。

　非薬物療法の効果は立証されているわけではありませんが、その人の感情面の安定がみられたり、BPSDが減るなど、効果がみられるものを続けていくことがよいでしょう。これは、「気をまぎらわす」とか「気晴らし」といった私たちでも日常的にストレス解消として行っていることと同じです。絵を描くことが好き、カラオケが好き、演歌が好き、クラシックを聴くのが好き、プロ野球を観るのが好き、麻雀・将棋・囲碁が好き、釣りが好きなど。ただ、このような支援は支援者のほうにゆとりがないとできないことですので、支援者が頑張りすぎずに、無理しないで試みていきましょう。また、ケアマネジャーからデイサービスの職員に本人の好きなことを伝えたり、家族に頑張りすぎないことを伝えることも大切

図表3-4 非薬物療法の一例

回想法	昔の写真などを見ながら思い出話をし、認知機能を改善する
音楽療法	懐かしい歌を合唱することで、癒し効果、自信回復につながる
芸術療法	絵画、陶芸、俳句などを制作し、心身回復、生きがいを見出す
バリデーション療法	本人の心と言葉を傾聴・共感し、価値を認め、力づける
動物介在療法	犬等の動物を世話することにより、落ち着きを取り戻し、表情や感情が豊かになる
短期集中リハビリ	介護老人保健施設などで、運動、リハビリ、音楽療法などの総合リハビリを1対1で週3回程度集中的に行うと、3か月程度で一定の効果を示す
リアリティ・オリエンテーション（RO）	時間、場所、人などの情報をくり返し伝え、現実に対する検討識の改善を図る
タクティールケア	手を使って、本人の体や手足を包み込むように優しく触れることで、精神的な安定をもたらす
ドールセラピー	赤ちゃんの人形などを抱くことにより、感情にアプローチし、認知症などの症状を和らげる療法

です。

　いずれの方法においても、共通することは危険がないように配慮すること、失敗体験にならないようにすることです。失敗体験につながらないためには、認知症の人が知っていることやもともと行っていたことをとりいれたほうがよいでしょう。また、認知症の人だけでなく、その場にいる支援者も楽しめるものがいいですが、ケアする側の一方的な思い込みや都合になってしまっていないか活動の振り返りも必要です。

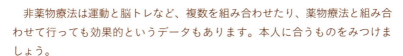

医師からのアドバイス

　非薬物療法は運動と脳トレなど、複数を組み合わせたり、薬物療法と組み合わせて行っても効果的というデータもあります。本人に合うものをみつけましょう。

05 なじみの環境

> **POINT**
> 認知症の治療には薬や療法だけではなく
> 心穏やかに暮らせる環境や適切なケアも必要です。

なじみの環境を考える

「なじみの環境」というと、認知症の人がもともと暮らしていた地域で顔なじみの方々と長年大切に継続している生活習慣が変わりなく続けていける環境ということが思い浮かびます。

しかし、一人暮らしが難しくなり、住み慣れた田舎の一戸建てから長男夫婦の住む都会のマンションに転居しなければならないという人もいるでしょう。このような結果、知人や友人と離れてしまうことにより孤立し、孤独感を覚える人もいます。また、長年同じ土地に暮らしていても、周りの人が転居したり、いつも買い物をしていた商店が店じまいをしてしまうということもあるでしょう。同じ住まいで暮らしている人でも「なじみの環境」で暮らせているか、確認が必要です。

私たちは他者と交流することで、お世話になる、お世話をする、という体験から、達成感や充実感を味わっています。認知症の人であってもそれは同じで、こうした人間関係も「なじみの環境」の大切な一面です。

（長谷川洋）

ケアマネジャーが「なじみの人」第1号になろう

介護などの都合で生活環境が変わった場合、ケアマネジャーは新しい他者との交流の1人目になれる存在です。自分の話を笑顔で聞いてくれる、自分を知ってくれている、何か困りごとがないか気にかけてくれている、ということが安心感

になり、孤立、孤独感を和らげてくれるでしょう。そして、ケアマネジャーを起点として、例えばデイサービス利用に消極的な方でも「私の知り合いがいるから紹介したい」と一緒に見学に行くことで人間関係を広げることができたら、新しい「なじみの環境」が作れるのではないでしょうか。前項の「認知症の非薬物療法」も参考にして本人との関係を深めてもらいたいと思います。　　（長谷川洋）

なじみの環境づくりで大切なこと

数多くのなじみに囲まれることが安心につながる

　認知症ケアでは「なじみの環境づくり」ということがよく言われます。認知症の人は認知機能の低下に伴い、慣れ親しんだ環境以外の場所では混乱が生じやすくなります。そのため、できれば慣れ親しんだ地域、家、部屋、持ち物、生活習慣から衣食住まで、数多くのなじみの生活上の周辺環境や習慣を維持するのが良いとされています。そのため入居型施設では、本人が少しでも早く施設生活になじんでもらうために、できるだけ本人が親しんでいるものを持参してもらうことにしているところもあります。

　しかし、なじみの物を置けば本人が安心するかというとそうではありません。いつも見る顔のケアスタッフだとしても、その人がなじめる人とは限らないのです。つまり、なじみの環境づくりが成功するためには、何よりもかかわる人たち次第ということなのです。デイサービスも本人にとって慣れ親しんだものになると、それが本人には落ち着いた生活パターンの１つになります。

　そのなじんだ生活パターンでないイレギュラーな状況、例えばまったく初めての場所へ行くといった場合に混乱が生じてしまいます。そのため、できる限り落ち着いた生活パターンを崩さないというのが基本になるのです。

冒険は人生に彩りを添える

　次のような事例があります。アルツハイマー型認知症の妻を介護する夫は、毎年、夫婦で旅行に行くことを楽しみにしていました。しかし前回、旅行から帰ってくると妻はまったく旅行のことを覚えておらず、「一瞬、一瞬はわかっているのか、楽しんだり笑顔になったりするけど、帰って来たらもう忘れていて……。

行った甲斐がないから今年はやめておこうと思っています」と、夫はケアマネジャーにぼやきました。

ケアマネジャーは、その話の「一瞬はわかっている」というところに着目しました。確かにすぐに忘れてしまうかもしれないけれど、その瞬間でも笑顔が浮かぶ楽しい出来事だったのだとしたら、「忘れることより、感じることのほうが大切」ではないかと思ったのです。

しかし一方で、現在の落ち着いている生活パターンを崩すのは、本人にとって苦痛になりはしないかということが気になりました。そこで、夫とケアマネジャーが旅行に行きたいか本人にたずねてみると、「行きたい！」と明るく答えたのでした。そして旅行の日、妻は混乱することもなく2泊3日の夫婦旅行を楽しんでこられました。

確かになれた生活パターンを崩すのはリスクを伴うでしょう。しかし、時には「冒険も人生に彩を添える」なのです。なじみというと時間の長さを感じますが、一瞬に感じる喜び、それも本人には心地よい瞬間なのでしょう。人生に彩を添える。それを考えるのもケアマネジャーならではかもしれません。　　　　（石川進）

認知症の人が心穏やかに暮らすには、なじみの環境が大切です。
しかし、時には彩りを添えることが人生を豊かにすることも忘れてはなりません。

認知症の症状と対応のコツ

4

CONTENTS

- 01 中核症状とBPSD
- 02 中核症状❶記憶障害・短期記憶障害
- 03 中核症状❷判断力の低下
- 04 中核症状❸失行・失認・失語
- 05 中核症状❹実行機能障害
- 06 中核症状❺見当識障害
- 07 中核症状❻コミュニケーション不全
- 08 BPSDの特徴とかかわり方の基本
- 09 BPSD❶物盗られ妄想
- 10 BPSD❷帰宅願望、徘徊
- 11 BPSD❸興奮、攻撃的行為、拒否的な言動
- 12 BPSD❹過食、異食
- 13 BPSD❺性的言動
- 14 BPSD❻アパシー（意欲の低下）
- 15 BPSD❼幻視

01 中核症状とBPSD

> **POINT**
> 認知症の症状はさまざまです。
> ご本人、ご家族が1番困っていることを
> 1つずつ共に悩み対応します。

認知症の症状

　認知症の主な症状（図表4-1）というと、まず思いうかべるのは「認知機能障害」でしょう。具体的にはもの忘れ、記憶障害、失語、失行、失認、実行機能障害、見当識障害といった症状で、「中核症状」といいます。ただし、中核症状といっても認知症の方すべてに現れるというわけではありませんし、中核症状がないから認知症ではないともいえません。

　中核症状に対して、周囲とのかかわりのなかで起こる症状をBPSD（認知症の行動・心理症状：behavioral and psychological symptoms of dementia）、または周辺症状といいます。BPSDには活動性が高い症状として、興奮、暴力、拒否、徘徊、帰宅願望、幻覚、妄想、昼夜逆転、せん妄、性的な逸脱、異食といった症状、活動性が低下した状態として自発性の低下、うつ気分といった症状があります。

　病気により脳の認知機能が障害されることによって引き起こされる中核症状に対して、BPSDは本人を取り巻く環境や人間関係が影響して起こることが多いと考えられています。ケアマネジャーの支援により、本人が安心して暮らせる環境を作ることで出現を減らせる症状です。

（長谷川洋）

01 中核症状とBPSD

図表4-1 認知症の主な症状

中核症状 （認知機能障害）	BPSD （周辺症状）
・記憶障害・短期記憶障害（02） ・判断力の低下（03） ・失行・失認・失語（04） ・実行機能障害（05） ・見当識障害（06） ・コミュニケーション不全（07） 　　　　　　　　　　　　　　など	・物盗られ妄想（09） ・夕暮れ症候群 ・せん妄 ・昼夜逆転、睡眠障害 ・帰宅願望、徘徊（10） ・興奮、攻撃的行為、介護者への拒否的な言動（11） ・多弁、多動 ・依存 ・過食、異食（12） ・不潔行為 ・性的言動（13） ・幻視、幻覚（15） ・不安、焦燥、 ・アパシー（意欲の低下）（14） ・妄想 　　　　　　　　　　　　など

それぞれの症状は認知症の方すべてに現れるわけではありません。
中核症状は病気により脳の認知機能が障害されることよって引き起こされます。
一方、BPSDは本人を取り巻く環境や人間関係が影響して起こることが多いと考えられています。

4　認知症の症状と対応のコツ

認知症の症状は1人ひとりさまざま

認知症になると図表4-1に示した通りさまざまな症状が生じます。いずれの症状も生活のしづらさや失敗につながったり、今まで長年積み重ねてきた家族や友人との信頼関係をそこねてしまう原因になりかねないものです。

また、原因疾患により症状の現れ方に特徴があります（図表4-2）。例えば、アルツハイマー型認知症ではもの忘れが目立ちますが、レビー小体型認知症ではもの忘れはあまり目立たず、BPSDが強くでることが多いです。しかし、実際にはアルツハイマー型とレビー小体型を併発している人も多いですし、今までの生活の歴史や性格で症状がでたり、でなかったりします。そのため、認知症の症状の現れ方は1人ひとりさまざまなのです。　　　　　　　　　　　　（長谷川洋）

図表4-2 それぞれの認知症の初期によくみられる症状

アルツハイマー型認知症	記憶障害（もの忘れ、何度も同じことを聞く、人物や予定を忘れる） 実行機能障害（料理の手順がわからない、電車の乗り方がわからない）
レビー小体型認知症	幻視、妄想、抑うつなどの精神症状、睡眠障害、歩行障害や手足の震えなどのパーキンソン症状
血管性認知症	手足のしびれや麻痺、精神不安定、まだらに症状が出現する
前頭側頭型認知症	社会性の喪失、無口、常同行動（同じ行動を繰り返す）

ケアマネジャーの腕のみせどころ！

19ページのコラムに示したとおり、認知症の症状が氷山だとしたら、今の生活環境、家族を含めた対人関係、医療面や介護サービスといったさまざまな要因が水位を変え、症状が表れる大きさを変えていきます。ケアマネジャーはこの水位をサービスやかかわりで高くし、症状が生活に影響しないようにすることが腕のみせどころです。そのためには専門的な視点でのアセスメントやモニタリング、居宅サービス計画書の作成はもちろんのこと、ご家族と一緒に悩み、いろいろ試

み、利用できるもの（社会資源など）はどんどん利用していくという姿勢が大切です。　　　　　　　　　　　　　　　　　　　　　　　　　　　　（長谷川洋）

共に困り、共に喜ぶことも大切に

　認知症の症状を本人・家族と話すとき、困った症状に対して共に悩み、解決に向かう手立てを共に考えるのはとても重要です。とはいえ、ときには違う視点から話し合いをすることも大事です。それはできないことだけに着目するのではなく、できることを共に喜び、褒めたたえるということです。例えば、新聞を読んでいる、ラジオを聞くのは好き、といった日常生活で楽しめていることを確認できたなら、ご本人に対して「素晴らしいですね！　新聞やラジオで情報を収集することは、とてもいい刺激になるので続けてみてくださいね」と評価したり、支えている家族に対しても「ご家族がとてもいい対応をしているから、いい時間が過ごせていますね」といったねぎらいの言葉をかけてください。プロであるケアマネジャーから褒めてもらうと、家族も嬉しく、介護にやりがいを感じるでしょう。ときにはこのような支援も必要です。　　　　　　　　　　　　　　　（長谷川洋）

> **まとめ**
> 認知症の症状を緩和していくためにケアマネジャーができることはたくさんあります。知識をつけ、本人や家族の困っていることを一つひとつ共に考え、悩みましょう。ときにはできていること、うまくいっていることを確認することも大切です。

02 中核症状❶
記憶障害・短期記憶障害

> **POINT**
> アルツハイマー型認知症の方は、直前の記憶が維持しにくいので同じことを繰り返したずねますがその都度、丁寧に対応しましょう。

感情の記憶は保たれる

　アルツハイマー型認知症の人のもの忘れは、最近のことを覚えていない、ついさっき話をしたことを忘れてしまい、同じことを繰り返したずねてくる、という特徴があります。「もの忘れをした」ということ自体を忘れてしまうので、本人は「もの忘れですか？　忘れることもあるかもしれないけれど、そんなに以前と変わらないですよ」「最近どんなもの忘れがあったかですか？　最近はあまりもの忘れはないですね」といった会話になりやすいです。このような直前の記憶を維持しにくい症状を短期記憶障害といいます。

　周囲の方がこの症状に気がつくのは、繰り返し同じことを尋ねてくる、ということからだと思います。そのときのかかわり方でもっとも大切なことは、「丁寧に対応する」ということです。具体的には「怒らない、イライラしない、なげかない」です。言葉の記憶が維持しにくくても、感情の記憶は保たれるので、怒られると不快な感情だけが残ってしまいます。私たちも自分自身のことを振り返って同じことが思い当たりませんか。例えば、普段の通勤で電車に乗っていて何事もないときは、隣に座っていた人や前にいた人がどんな人だったかまったく覚えていませんが、隣の人が口論を始めたり、怒鳴ったということがあればドキドキするなどの感情が生じて、鮮明に記憶されるはずです。

　アルツハイマー型認知症では脳の海馬（かいば）という部分の神経細胞が減少し、海馬の萎縮が徐々に起こります。普段の記憶は海馬に関係しますが、感情の記憶には

扁桃体(へんとうたい)というところも関与している可能性があるため、海馬の神経細胞が減っている方でも感情の記憶は保たれるのです。

　また、不安から繰り返し同じことを尋ねてくることもあります。言葉の記憶が苦手になっている方に言葉のやりとりだけで対応するとうまくいきません。言葉以外の方法、例えば笑顔で話しかける、大きくうなずいて同意する、目を合わせて話を聞く、手を握る、肩もみをする、といったことで安心感が得られるでしょう。繰り返しになりますが、お一人おひとりで、心地よい刺激は異なります。その方に合った刺激を探すことが大切です。

　　　　　　　　　　　　　　　　　　　　　　　　　　　　　　（長谷川洋）

認知症の人への訪問は時間にゆとりをもつ

　認知症の人への訪問は、訪問時間にゆとりをもって出かけましょう。なぜなら、認知症の人の場合「より丁寧に対応する」必要があるからです。コミュニケーションも言葉だけではない伝え方、聴き取り方が中心になりますし、本人も何度も同じことを言ったり、聞いたりするでしょう。ケアマネジャーに時間制限があると、何度も同じことを言われると時間が気になりだし、コミュニケーションがうまくいかないと焦りが表情や言葉にでます。その焦りは認知症の人に伝わり、感情を害してしまうことにつながるのです。特に初期や中期の不安症状を訴えている人への訪問の場合、この訪問の後に別の訪問の約束を入れない、あるいは時間的余裕をもって行くようにします。焦りは禁物です。「私のためにしっかりと向きあってくれる人」というような、良い感情が残るようにしましょう。ただし、時間が長くなり過ぎても本人が疲れてしまいますので、頃合いを見て引き上げることも忘れないでください。

　　　　　　　　　　　　　　　　　　　　　　　　　　　　　　（石川進）

同じことを繰り返し言われたり、聞かれても、丁寧に対応することが大切です。感情の記憶は保たれるので、なるべく心地よいかかわりを心がけましょう。

03 中核症状❷ 判断力の低下

> **POINT**
> 怒りっぽさが目立ち、我慢がきかなくなります。
> 詐欺や悪徳商法にひっかかってしまうこともあるので
> 本人の権利が侵害されていないか
> 目を光らせる必要があります。

判断力が低下すると……

　判断力が低下すると、「じっくり考える」「その場ですぐに決断せずに保留にする」といったことが苦手になり、「振り込め詐欺」や高額な押し売りに応じてしまうことが起こります。その場で決断してしまい、さらに会話したことを忘れてしまうため、誰にも相談せずに時間が経ってから貯金通帳の残高がなくなっていることに気づいたり、押し入れから不必要な羽毛布団が出てきて家族が驚くということがおこるのです。

　また、私たちが会話をするときは、相手の反応をみながら会話の内容を変えたり、自分と相手が交互に話をすすめていくということができます。しかし、判断力が低下すると自己主張が強くなり、感情をあらわにしてしまったり、我慢がきかなくなることから、言い合いになってしまい、今まで築いてきた対人関係が崩れてしまうことがあります。直前の記憶が維持しにくいため約束を忘れてしまうこともあるので、「予定をすっぽかされた」「うそをつかれた」と誤解されてしまうこともあるでしょう。周りの人が本人の病状、生じやすい状態を理解し、配慮して過ごすことが大事です。

　日常生活では、必要ないものを買ってしまう、季節に合った服を選べなくなる、1日のスケジュールに応じた時間配分が苦手になる、デイサービスに行ったり、ヘルパーが家に来て家事を手伝ってくれる意味がわからなくなる、といったこと

がおこります。介護者はその都度情報提供して本人の生活を支える必要があります。

(長谷川洋)

必ず「できること」「やれていること」を確認する

　ケアマネジャーは本人とのかかわりや家族の話などから、本人の判断力の状況を確認していきます。できていること、できないことの見極めは、援助の組み立てにおいて大切なポイントです。このとき、判断できないこと、あるいは鈍っていることだけでなく、必ずできること、やれていることを確認するという視点を忘れないでください。できること、やれていることを活かすこともケアマネジャーならではの視点になります。

　家族と同居の場合、その家族から状況をうかがうことが多くなりますが、必ず本人の話もしっかりと聴いてください。本人の話が混乱していたとしても、それはそれで話をしっかりと受け止めてあげることです。(第7章02参照)

　なお、特に独居の方の場合、「振り込め詐欺」や押し売りにあう可能性が高いので、ケアマネジャーは本人が何か伝えようとしていることがあれば、その言動をあやふやにせず、確認を取り、本人の権利が侵害されていないか目を光らせることも必要です。変だと思ったら、すぐに当該の地域包括支援センターに相談してください。

(石川進)

医師からのアドバイス

　認知症と診断されていなくても、車の運転に支障がでる、無駄な買い物をする、悪徳商法に何度もひっかかるといったことも判断力の低下の症状です。このような症状が確認されたら、認知症の可能性が高いので、受診するとともに適切な対応をして支援しましょう。

04 | 中核症状❸ 失行・失認・失語

> **POINT**
> 日常生活で使うリモコンや
> 電化製品の使い方がわからなくなります。

日常生活に支障がでる

失行
　失行とは、手足を動かすことは問題なくできるのに、ズボンの片方に両足を入れてしまう、シャツに腕を通せなくなる、歯磨きができない、入浴の仕方がわからない、テレビのリモコンを操作できない、トイレの水を流せないといった症状をいいます。つまり目的にそって身体を動かすことができなくなり、道具が使えなくなる状態です。

失認
　失認とは、視力に大きな問題はなく人や物をみることができているのに、それが何かを認識できていない状態です。例えば家族が誰だかわからなくなる、ティッシュを食べ物と思って口にいれてしまう（第4章**12**参照）ような行動がみられます。

失語
　失語には2つあります。運動性失語（ブローカ失語）と感覚性失語（ウェルニッケ失語）です。運動性失語は、意味のある言葉を発しにくく、どう言ったらいいかわからないという状態ですが、聞いた言葉は理解できます。感覚性失語とは、一見スムーズに話すことができますが、言い間違いが多かったり意味不明な単語になることが多く、聞いた言葉の理解が困難になります。いわば、わからない外国語を聞いている状態です。運動性失語、感覚性失語の両方がみられることもあります。

（長谷川洋）

04 中核症状❸失行・失認・失語

4 認知症の症状と対応のコツ

不安を支えることもケアマネジャーの仕事

　これらの症状がでてくると、日常生活に支障をきたすことになります。また本人も、「できなくなってきている自分」への不安や恐怖を強く感じているかもしれませんし、同居家族も戸惑いや混乱を強くするでしょう。そんなときこそケアマネジャーは冷静に本人や家族の話を聴きながら、症状の進行を少しでも食い止めるためのケアマネジメントが必要になります（第8章01参照）。　　　（石川進）

医師からのアドバイス

　これらの症状がすべて出るというわけではありません。また、アルツハイマー型認知症では徐々に現れて、徐々に進行しますが、血管性認知症では脳の障害部位によって現れ方に強弱があります。

05 | 中核症状❹ 実行機能障害

POINT
日々の生活で、活動の見通しを
たてるのが苦手になります。

手順がわからなくなる

　実行機能とは、日々の生活場面で状況を理解し、判断して行動することです。実行機能がそこなわれると、主体的な行動の障がいが目立つようになります。例えば、私たちが食事を作るときには、ごはん、お味噌汁、野菜炒めを作るなら、食事の開始時間から逆算して、お米をといだり、お鍋にお湯をわかして、野菜を刻んでといった、たくさんの手順を優先順位を考えながら行います。しかし、実行機能が障害されると、食事が適切な時間にできあがらなかったり、味付けをうまくすることができなくなります。また、掃除機や洗濯機の使い方がわからなくなって掃除ができなくなったり、電車やバスの乗り方がわからなくなってしまいます。対応としては、1人でやってもらわず、一緒に行ったり、いっぺんに複数のことを行おうとせず、1つずつ行うようにします。

（長谷川洋）

先輩からのアドバイス

　介護の都合もあるかもしれませんが、本人がやろうとしていることは、時間がかかってもなるべく本人にやってもらいましょう。人生の主人公はあくまでも本人なのです。

認知症の人と車の運転

COLUMN 4

　ケアマネジャーも家族も対応に悩むものとして「車の運転」があります。判断力の低下に実行機能能力の低下が相まって、車の運転は極めて危険なものへとなっていきます。

　現在は「認知症」の疑いがあるとされる方、もしくは「認知症」と診断された方の運転免許は、当人もしくは、家族等の申請により、適性検査の実施や診断書の提出を行い、取消または経過をみるために停止処分となることがあります。このように運転免許返納などの制度が整ったとはいえ、運転免許証の有無など関係なく車に乗ろうとして家族が困ってしまう事例が増えてきました。

　本人からすれば、長年運転してきているのだから大丈夫という思いが強いので「危ないから運転しないで!」という言葉は本人のプライドを傷つけ、余計に運転に走らせる場合があります。

　しかし、車の運転は他人を巻き込むことにもなりかねない重大な案件です。判断力の低下は、接触事故や追突事故に即つながってしまいます。相談を受けたケアマネジャーも、家族と共に鍵を隠したり、バッテリーを外したりと四苦八苦しますが、本人は激怒しまくるという状況でしょう。

　車の運転に関してはケアマネジャーだけが抱え込まず、地域包括支援センターにも相談し、困りごとを共有・連携しましょう。また本人には禁止的言動より、まずは本人の気持ちをしっかりと受け止めたうえで、これまでの長年の運転の労をねぎらい、「本当にみんな心配しているんだよ」という思いを伝えるようにすれば活路が開けるかもしれません。実際、運転を禁止された辛さをしっかりと受け止め続けたケアマネジャーに「もう乗るのはやめた」と、車の鍵を渡した事例もあります。

　車が必要不可欠という地域性が本人の運転する行動につながっている場合もあるので、社会的課題としての解決も必要でしょう。　　　（石川進）

06 | 中核症状❺ 見当識障害

> **POINT**
> 時間や場所、季節や人物の
> 認識ができなくなります。
> それにより不安が生じやすくなります。

現在の状況がわからなくなる

　見当識とは、時間や場所について正しく認識することです。見当識が障害されると、今が何時なのかわからなくなったり、この場所にどのくらい前からいたのかわからなくなります。私たちは道に迷ったとき「もう30分も迷っている」という時間を意識し、この場所がどこなのか尋ねることができますが、時間に対する感覚が乏しくなると、いつまでも、まだ迷ったばかりと考えて迷い続ける1つの要素になります。また、場所の見当識障害が生じると、例えば自宅にいながら自宅でないと感じて「そろそろ帰ります」と発言することもあるでしょう。

　このように、時間や場所をきちんと把握できないことで、慢性的に不安をかかえながら生活することになり、ちょっとしたことで不安が強まりやすい状態になるのです。

（長谷川洋）

事例　「家に帰ります」の言葉の裏にあるもの

事例の概要

　Aさん（60歳）は夫のBさん（65歳）と、二人暮らしです。Aさんは若年性認知症と診断されています。最近はもの忘れが著しく進み、日常生活全般にも支障が生じるようになってきました。BさんはAさんの認知症の進行を少しでも遅らせたいという思いから、「あれをしろ、これをしろ」と家事に関することをやらせよ

06 中核症状❺見当識障害

うと、いろいろ指図します。しかし、AさんはBさんの指図の意味がよく理解できず、混乱するだけでした。そのAさんを見てBさんもいらつくのか、Aさんに怒鳴ってしまいます。するとAさん自身も不安・混乱が限界に達したのか、「もういい！ 家に帰ります！」とBさんに怒鳴り返したのでした。Bさんは「何を言うてんねん！ ここがお前の家やないか！」とさらに怒鳴ります。Aさんは何度も「家に帰る！」と言いながら、玄関へ向かったのでした。

Bさんからすれば、いろいろと家事をさせることが認知症の進行を少しでも遅らせることにつながるという思いが指図になったのでしょう。しかしAさんからすれば、その指図の意味を理解できないまま、Aさんの不満も頂点に達してしまったといえます。

Aさんにとっての「家に帰る」の意味について考える

Aさんにとって、「家」とはいったい何を示すのでしょうか？ この場合、実家かもしれないですし、子どものころに住んでいた家かもしれません。Aさんに限らず、自分の家にいても「家へ帰る」と言って出ていこうとされる方はけっこうおられます。入居系施設でも多いでしょう。ではなぜ家に帰りたいのでしょうか。

人間は生まれてこの方、必ず家に帰ります。それは物心ついた子どもの頃から毎日毎日繰り返している行動です。そして家に帰ればそこにはくつろぎの場が待っています。いわば家は心が安心できるやすらぎの場として存在しているのです。

　このように考えると、Aさんの家へ帰るという訴えは、実家のことかもしれませんが、「心が落ち着ける場所に帰りたい」という思いからでた言葉かもしれません。少なくともBさんに怒鳴られる今の場所は安心できる場所ではないのです。「家へ帰りたい」という言葉の裏にあるのは、今の場所は安心できない、だから安心できる場所（家）に帰りたいという意味があるのかもしれません。

　つまり入居系であれ、自宅であれ、帰宅願望を訴えられるときは、その場所が本人にとって安心できる場所ではないという裏付けかもしれません。

　ケアマネジャーは、Bさんの思いを汲みつつも、Aさんの不安にしっかりと向き合っていかなければならないのです。

（石川進）

先輩からのアドバイス

　見当識障害に伴う認知症の人の行動そのものよりも、そのときの本人の思いに焦点を当てて考えましょう。本人が安心できるようなかかわり方とは、行動そのものへのアプローチではなく、その人の思いへのアプローチから出るものです。

認知症になっても行動の自由は奪われない

COLUMN 4

認知症の症状と対応のコツ

カギをかければ安全!?

　Aさん（78歳）は一人暮らしの女性ですが、血管性認知症と診断されています。デイサービスを好まないため、ケアマネジャーはヘルパーの導入を行っています。Aさんは散歩が好きで、歩行器を押しながら街を一周して歩くのが日課になっていました。しかし最近は道に迷って警察に保護されることが続き、また信号も無視して道路を渡ろうとすることもあり、遠方に住む家族はどこかに入居が決まるまでの間、出ていかないように家の外から鍵をかけておいてほしいとケアマネジャーに要望しました。しかしそれは身体拘束に該当するし、本人の自由を奪う虐待行為にもなるので、外からの施錠はできない旨を家族に伝えました。ところが家族は、外に出ていって万が一事故があって誰かに迷惑をかけるようなことがあったときに、ケアマネジャーが責任を取ってくれるのかと迫り、ケアマネジャーは困惑してしまったのでした。

このケースでは、ケアマネジャーが家族に伝えた通り、外から鍵をかけることは不適切な対応になります。もし家族の言うままに実施していたらケアマネジャーも属する事業所も行政より処分の対象になります。認知症の人の自由や尊厳を拘束することは厳しく制限されているのです。認知症だからということで、その人の自由を奪う権利は私たちにはないのです。詳しくは厚生労働省の「高齢者虐待防止法」などを必ず目を通すようにしてください。
　なお、この事例の場合、ケアマネジャーは1人で抱え込まず、地域包括支援センターや行政職員、地域の関係者、家族などとともにケア会議を実施し、介護サービスの強化や地域の見守り体制の確立などを行い、Aさんの思いが拘束されないような体制づくりを行ったのでした。

外へ出ていく思いは、その人にとって意味のあること
　介護者やケアマネジャーにとって、認知症の人が外へ出て行って行方不明になるというのはとても心が重くなる出来事です。場合によっては悲しい結果になることもあります。しかし、認知症の人の視点に立つと、外出することはその人にとって意味のあることであり、また出ていかれる理由も人それぞれに違うといえるでしょう。それはケアにかかわっている方からの証言でもわかります。
　先ほどのAさんの場合は、家へ帰ると言って出ていかれますが、別の介護家族Cさんの夫の場合、何かを買いに行かなければと思うとすぐに家を出ていこうとされます。介護家族Dさんの夫は、仕事に行くと言って出ていこうとされます。ふと散歩に行きたくてという人もいるかもしれません。つまり、それぞれに外へ出ていく行動は、その人にとっては意味のあることなのです。
　認知症の人が外へ出ていくのには、皆さんそれぞれに理由があるということなのです。家に帰りたいという人、買い物に出かけなければと思った人、散歩がしたかったという人など、理由はどうあれ、自分の意思をしっかりと働かせて出ていったといえるのではないでしょうか。残念ながら認知機能の低下により、それぞれなりの目的地を見失い、帰るべき場所も見失ってしまうのです。

人間の行動の自由は認知症であっても、いかなる制限も受けないのです。例えば、私たちが言葉の通じない外国へ旅行に行くことで考えてみましょう。言葉が通じないことは不安ですが、私たちはその国に行ってみたいのです。しかし、ひとたび道に迷ってしまうと、不安と混乱の中に陥ってしまいます。そのときに、「どうしましたか？」と日本語で話しかけられたら、とても安心するでしょう。同様に認知症の人も道に迷っているときに温かく声をかけられると安心します。地域に認知症サポーターを増やす目的は、認知症の人が迷っても地域に認知症の人にとっての安心材料を増やすという意味合いもあるのです。

　行方がわからなくなった人を探していたケアマネジャーが、その人を見つけた瞬間、道に迷っていたその人からは、あふれるほどのほっとした笑顔が浮かびます。同時にケアマネジャーの表情も見つかってよかった安堵感であふれます。

　行方がわからなくなるようなことは極力ないようにしたいものですが、お互いの不安が笑顔に変わるとき、災いは深い絆へと変わっていくのです。　　（石川進）

07 | 中核症状❻ コミュニケーション不全

> **POINT**
> コミュニケーションがとれないことで
> 誤解され、信用を失ってしまうことがあります。

周囲の協力を得る

　アルツハイマー型認知症の人の場合、コミュニケーションは一見問題なく、そつなく、その場その場の対応はできることが多いです。ただ、直前の記憶は維持しにくく、出かける約束をしていても忘れてしまったり、その時々で言うことが変わってしまい、その結果、信用を失ってしまうこともあります。このような事態をさけるために、親しい友人や普段お付き合いのある人には、家族から「最近もの忘れが目立ってきていて、A病院で検査をしているんです。もし、何か気になることがありましたら教えてください。力を貸してください」と事情を説明したり、協力をお願いすることをアドバイスしても良いかもしれません。

（長谷川洋）

家族を支えることも大切

　またコミュニケーションは一見問題ないので、たまにしか会わない離れた親戚から介護している家族に「そんなに悪くないんじゃない？ 病院に行ったり、お薬を飲む必要なんてあるの?」と言われ、「わかってもらえず、つらいです」と落ち込む家族も多くいます。
　認知症の介護は、❶終わりがみえないこと、❷徐々に悪化していき、できないことが増えていくこと、❸周囲から理解されづらいことが介護者の苦悩です。こ

の3つの要素のなかで唯一、周囲の協力で軽減できるのは「周囲からの理解」です。周りの方のねぎらいや「頑張ってるね」という声かけは、介護者の癒しになります。実際、民間の業者がマンツーマンで認知症の方のお世話をすると半日で数万円かかります。つまり、お金に換算するとご家族は月に数百万、年間に数千万円も費用がかかることを行ってらっしゃるということです。それだけすごいことをしているということです。

ケアマネジャーは、介護者が頑張りすぎず、息をぬく方法を一緒に考えていくことも大事です。介護者にゆとりがあることが、結果的には認知症の人との対応に余裕が生まれ、コミュニケーションを良好に保つ秘訣になります。（長谷川洋）

非審判的態度で家族に寄り添う

認知症の人とかかわると、同居、別居にかかわらず、家族の姿がみえてきます。認知症の人にかかわるということは、家族にかかわっていくことにもなります。そしてその家族は、とても複雑な心境のなかにいます。愛と憎しみが混在しているような状況もあるでしょう。ケアマネジャーは非審判的態度（第6章01参照）を主体に対人援助技術を駆使しながら、認知症の人に寄り添うのと同じように、家族にも寄り添う姿勢が必要です。なお認知症の人とのコミュニケーションについては、第6章02を参照してください。　　　　　　　　　　　　　　　（石川進）

先輩からのアドバイス

終末期になると、言葉によるコミュニケーションが難しくなります。そのようなときは、優しく話しかけて見つめたり、スキンシップをはかるなどのかかわりが大切です。たとえ相手から反応がなくても、本人の心には通じているはずです。

08 BPSDの特徴とかかわり方の基本

> **POINT**
> なぜそのような行動をとるのか、
> 本人や周囲からうかがい
> ケアや環境を見直していきましょう。

BPSDとは

　BPSD（認知症の行動・心理症状：Behavioral and Psychological Symptoms of Dementia）には、活動性が高い症状として、興奮、暴力、拒否、徘徊、帰宅願望、幻覚、妄想、昼夜逆転、せん妄、性的な逸脱、収集、異食といった症状があります。一方、活動性が低下した状態として自発性の低下、うつ、不安症状、尿・便失禁といった症状があります。

　BPSDがおこったとき、本人は覚えていないことも多いですが、まずは本人に何か困ったことがおきてしまったのか確認します。そして、その場に居合わせていた人からも、そのときの様子をうかがいます。そして、このような症状が出現するまで、時間を巻き戻して、どのようなストーリー、思考過程を経て症状が出現したのか、推測し理解しようとすることが大切です。BPSDの背景には、本人なりの理由があります。まずはその理由を探ることが大切です。かかわりでは、否定したり、無理にやめさせようとすると逆効果です。

　BPSDに対してどうしたらいいのか、日々悩むところでしょう。こうすれば必ず収束するということは残念ながらありません。1人で悩まず、抱え込まず、他の人のうまくいった経験なども参考にして試していくことでしょう。（長谷川洋）

施設や医療の利用も考える

　症状の出現が多いときには、本人・家族のレスパイトの意味で、ショートステイの利用も1つの手です。ショートステイは空きが少ないことが多いですが、人脈や社会資源を活かして、さまざまな施設をあたることもケアマネジャーの腕のみせどころです。

　また、医療の利用も選択肢の1つとなるでしょう。BPSDの活動性が高くショートステイでは対応できない場合は、通院して薬物療法を行ったり、入院して集中的に治療することを検討してもいいかもしれません。昔は精神科専門病院に入院したら退院できないというイメージがありましたが、現在では認知症疾患医療センターなど、認知症の人とその家族が、地域のかかりつけ医や施設、介護事業者と連携して、診察や相談に応じる専門的な医療機関があります。

　なお、多くの専門病院では、認知症の症状の問い合わせはできますが、身体面の治療が困難です。可能であれば、入院前に内科で身体状態を評価しておいてもらうと、相談がスムーズにすすむと思います。　　　　　　　　　　（長谷川洋）

先輩からのアドバイス

　ケアマネジャーが認知症の人を理解するための大切なこととして、BPSDそのものを見るのではなく、その行動の元となる原因・理由・背景を探っていく必要があります。つまり、なぜそのような行動が出るのかという根拠を探究していくということです。

　医師が、熱があるからと言って何も考えずに解熱剤だけを投与することはありません。必ず熱の発生原因をさまざまな検査や所見によって調べてから治療方法を決めて実施します。私たちケアマネジャーも同様で、行動の原因・理由・背景を多面的に探ってから、ケアの方法を考えていかなければならないのです。

09 | BPSD❶ 物盗られ妄想

> **POINT**
> 物盗られ妄想は
> もの忘れがひどくないときでも
> 生じることがあります。

否定せず、一緒に探す

　物盗られ妄想は、判断の障害でもあります。アルツハイマー型認知症では比較的病状が軽い時期からみられるため、周囲の方も「本当に盗まれた」と思ってしまうことも少なくありません。

　一般的な起こり方を考えてみましょう。Aさんはいつもお財布を仏壇の前に置いておくのですが、ある日、無意識のうちにタンスの引き出しにしまいました。翌日にはお財布をしまったことはすっかり忘れてしまい、ヘルパーが来て掃除等を手伝ってもらい、帰り際いつも置いてある仏壇の前にお財布がありません。なんでないんだ?! 困った! 盗られた! そこでAさんはヘルパーに「あなた、ここにあった、お財布盗ったでしょ!」と言ってしまいました。このようなことがストーリーとして考えられます。

　ヘルパーに「いつもここに置いている財布がないのです。一緒に探してくれませんか」と言えればいいのですが、判断力の低下から、ヘルパーが盗ったと思っていなくても、「お財布盗ったでしょ!」と言ってしまうことがあります。ですから、ヘルパーから「困りましたね、一緒に探しましょう」と言われるとすんなり一緒に探し始める、ということがあるのです。

（長谷川洋）

1番信頼している人を疑ってしまうということが多い

　疑う相手としては、本人が1番信頼している人であることが多いので、周囲の人は「信頼されているから、頼られるのね」と伝え、疑われた人を支えることが大切です。

　疑われたときに「そんなことするはずありません！　どうしてそんなこと言うの！」と怒ってしまうと、本人には叱られたというマイナスの感情が残ってしまい、今度はイライラするなど、別のBPSDが生じる基盤ができてしまうので、感情的にならないように注意したいものです。

（長谷川洋）

ケアマネジャーが疑われることも……

　物盗られ妄想の対象にケアマネジャー自身がなる場合があります。この場合のケアマネジャーのストレスはかなりのものになるでしょう。同様にサービスに入っているヘルパーなどが対象になっても、ケアマネジャーとしては頭の痛いことになります。物盗られ妄想は攻撃性があるため、家族を含め援助者側は辟易することが多くなります。しかしこの援助者側の辟易した姿が、一層本人の怒りにつながる場合があります。それだけかかわり方に苦慮するものですが、このようなときだからこそ逃げずに、とことん本人の不安に付き合い、その不安の原因に対処することで物盗られ妄想が消えたりします（第8章06参照）。

　介護は鏡を見ているようなところがあります。ケア側が不安な表情を浮かべれば、認知症の人も不安になるのです。それはあなたのことを頼っているという裏付けなのです。

（石川進）

まとめ

本人の言葉を否定せず、一緒に探しましょう。見つからない場合は、頃合いを見て気分転換（休憩）に誘ってみるのもよいでしょう。

10 BPSD❷ 帰宅願望、徘徊

> **POINT**
> 本人の気持ちを理解し、
> 本人の世界に一緒に入って過ごす
> 気持ちで接しましょう。

対応の基本は、本人の気持ちに合わせる

　自宅にいながら「自宅に帰りたい」と言ったり、施設で暮らしているのに「そろそろ家に帰ります」と言う方がおられます。

　自宅にいながら「自宅に帰りたい」と言う場合の「自宅」とは、その方が20年、30年前に過ごしていた「自宅」かもしれません。今は存在しない家かもしれませんが、否定せず、「帰りたいですよね」とご本人のお気持ちやストーリーに合わせる対応を心がけましょう。

　「帰りたい」と言われたときに、介護者が「一緒に帰りましょう」と言って、少し外出（散歩）してみることも良いでしょう。歩くことで、筋力低下が防げますし、精神的にも体を動かすこと（運動）はいい効果がでます。

　「こうすればいい」という正解はありません。そのとき、その場の状況に応じて対応することが大切です。また、介護者の方も何か物事を行うときに、「いやだな、大変だな」とマイナスな感情で行動するよりも「運動できていていいな」「自分にとっても散歩するのはいいことだな」といったプラス面を考えて行動するといいと思います。

　かといって、いつまでも歩き続けるのは認知症の人にとっても介護者にとってもしんどいことです。特に認知症の方では、どれくらいの時間歩いているかという時間感覚が乏しくなっていることもあるので、長時間の外出や徘徊につながりがちです。そのようなときには、別の刺激を加えてみます。例えば「コンビニに

寄っていいかしら?」と言って氷やアイス、牛乳といった「すぐに冷蔵庫にしまわないといけないもの」を買って、「一度、冷蔵庫にしまってきていいですか?」と相談します。このことに同意していただくと「現実にない自宅」を探すことから「冷蔵庫のある家」に帰るということになるでしょう。そして、無事に戻れたら、手を洗いましょう、お水を飲みましょう、着替えましょう、といった行動を促す声かけをして「自宅探し」を忘れてもらうのもいいのではないでしょうか。

　無断で出て行ってしまう人もおられます。その場合、連絡先をシャツの内側に記載しておいたり、玄関に「ここで待っていてください」と張り紙を貼ったり、最近ではGPSを靴に装着して位置情報をつかむということも行われています。認知症の人は靴を履かずに出ていくことは少ないので、他の靴はしまっておいて、1足だけ玄関に置いておくといいでしょう。　　　　　　　　　　　（長谷川洋）

時間をかける対応と早々に動く対応に分けて考える

　ケアマネジャーの立場からすると、出ていかれる行動や家に帰ろうとする行動は、「忙しいのに振り回される!」と思うでしょう。当然家族にはそれ以上のストレスになります。帰宅願望や歩いて出られることに対しては、じっくりと考えてかかわる対応と、早々に動かなければならない対応があります。

　そもそも家にいるのになぜ家に帰ると言うのか、そしてなぜ家から出ていこうとするのか、また施錠の問題など、じっくりと考えて実行することについては第4章06を参照してください。

　早々に動かなければならないことについては、地域包括ケアのなかで考えていく視点も必要なので第8章03も合わせて読んでください。　　　　　（石川進）

一番いけない対応は玄関にかぎをかけて閉じ込めることです。不安が増すばかりで逆効果です。身体拘束になります。

徘徊について

COLUMN 4

認知症の症状と対応のコツ

「徘徊」という表現に対する議論

徘徊という言葉を広辞苑で調べると、「どこともなく歩きまわること。ぶらつくこと。」とあります。この言葉は、無目的な行動という意味が含まれます。認知症の人が、自宅にいるにもかかわらず「そろそろ家に帰らなくてはいけないので失礼します。」と外に行ってしまう。このような行動を「徘徊」という用語で表現していいものなのかどうか議論があります。本書では「徘徊」と表現していますが、今後表現方法が変わっていく可能性もあります。

医学や介護の専門用語は、それぞれの人がその用語をどのように理解しているか異なる場合があります。できれば、専門用語の記載は最小限にとどめ、できるだけ具体的に認知症の人の言葉やどのような行動をとったかを具体的に記載することをこころがけましょう。

認知症の人の気持ちに思いをはせる

「外に出ていく」という行動をとるに至った認知症の人の思いを推測すること、認知症の人にうかがうことがとても大切です。今いる場所が自分の居場所ではない、ここに長居できないと感じていることはないでしょうか。

また、戻ってこられたときに笑顔で「おかえりなさい、お疲れ様でした。大変でしたね」とねぎらいの言葉をかけたいです。周囲の方は心配していたことから「どうして出ていったの!?」と問い詰めてしまったり、怒った表情、疲れた表情をみせてしまいがちです。しかし、ご本人が戻ってきて、ここが自分の居場所だと思えるようなきっかけにしたいです。

徘徊の対策として、施錠、カギをかける対策は適切かどうかも議論になることが多いでしょう。私の考えでは、認知症の人だけが１人で残されて部屋から出ることができない状態は行ってはいけないと思います。

（長谷川洋）

11 BPSD❸ 興奮、攻撃的行為、拒否的な言動

> **POINT**
> 本人にとって不愉快なことはないか、
> 体調不良が生じていないか確認します。

本人の立場・気持ちになって考えてみる

　興奮や攻撃的行為、拒否的な言動への対応は、非常に介護者を疲弊させるでしょう。まず原因として何か本人の気にいらないことが現実におきていないか確認します。

　例えば、入浴1つとっても、若い人にとっては当然の習慣として毎日シャワーを浴びますが、戦後の混乱期を生き抜いてきた高齢者にとっては、銭湯や手洗いの洗濯であると3日に1回とか1週間に1度が当然かもしれません。また、時間感覚や曜日の把握ができていないと「この間、入ったばかりだよ。今日はまだいい」と入浴や着替えを拒否されるかもしれません。そのような状態で、無理やり服を脱がそうとすれば、抵抗するのは当たり前です。

　デイサービスでの入浴を拒否した方に理由を聞くと、「昼間に風呂に入れるはずない!」と怒られました。長年の生活習慣からすればもっともなことです。「今日は早い時間になって申し訳ないけれど、ちょうどいいお湯かげんだから入ってもらえませんか」といった声かけで入浴してくださるかもしれません。

　また、例えば言葉では表現しなくても、身体の不調、例えば熱がでている、血圧が高い、便秘、下痢、喉がかわいている、といったことがあるかもしれません。ご自分の身体症状を的確な言葉で表せないことで興奮したり、攻撃的になったり、拒否的になることもあります。

　大声で言われると、こちらも大声になることがあります。大きな声で、怒って

しまうことで本人だけでなく、まったく関係ない周囲の人も叱られたと感じて、イライラした気持ちがおきてしまい、BPSDの連鎖が始まることもありますので要注意です。

(長谷川洋)

自分の行動も振り返ろう

　介護認定調査票には、認知症の状況を確認する項目として「介護に抵抗する」があります。しかし「抵抗する」という意味を考えてみましょう。そもそもが抵抗するとは、プレッシャーを感じ、そのプレッシャーに対して自己防衛機能を働かせているのです。つまりこれは本人自身より周囲の人たちのかかわりに問題があるといえるのです。認知症の人の行動ばかりに目を奪われないで、自分たちの行動はどうなのかと振り返ることも必要です。

(石川進)

―― 医師からのアドバイス ――

　薬の副作用で怒りっぽくなることもあります。服薬している場合は薬について医師に相談してみましょう。

12 BPSD❹ 過食、異食

POINT
過食や異食は、記憶障害や
判断力の低下によって生じます。
無理に止めさせようとすると逆効果です。
環境や過ごし方を見直すことも必要です。

過食とは

　お昼にどんなおかずを食べたかが思い出せないというのは、記憶の一部がぬけてしまうもの忘れですが、認知症でみられるもの忘れは、そのこと全体を忘れてしまうため、お昼ごはんを食べたこと全体を忘れてしまい、「ごはん、まだかしら?」という訴えをおこします。また、認知症になると食欲をコントロールすることが難しくなったり、満腹中枢が機能せず、いくら食べても満腹感が得られなくなることがあります。

　不安があるときに食欲がなくなるという人もいれば、何か食べて気を紛らわせようとする人もいます。この感覚は、認知症の人でも生じます。不安な気持ちを何かを食べることで紛らわせようとしているのかもしれません。こうした過食に対する対策としては、不安を解消するために環境や過ごし方を見直すことも必要です。また、1回の食事量を少し控えめにして、本人から訴えがあったときに、低カロリーのおやつなど、すぐに提供できるものを準備しておくのもいいでしょう。

(長谷川洋)

異食とは

　異食とは、食べ物でないものを食べてしまうことです。例えばティッシュを食

べてしまったり、便を食べてしまうといった行動がみられます。食べものでないものを食べようとしてしまうのは、判断力の低下や見当識障害、失認により生じてしまう症状です。

アルツハイマー型認知症では、嫌なにおいを感じる機能が低下することがあり、「臭い」と感じづらくなって、便を異食してしまうこともあります。家族がその姿を目にすると大変ショックを受けるでしょう。便を食べる状況では、衣服にも便が付着してしまったり、壁や床にも便がついているかもしれません（弄便（ろうべん））。当然、その場を冷静に対応するのは難しいことで、大声で叱ってしまうといった行動にでてしまうこともあるでしょう。このような相談を受けたときは、お気持ちをじっとうかがい、「びっくりしましたよね、大変でしたね」と、まずは家族の気持ちを受け止めることが求められます。

異食への対応としては、口にして危険な物を周りに置かないようにしたり、別の食べ物を渡して、それを食べている間に、口にしている害のある物と交換したりします。食べようとしている物を力づくで奪ったり、大声で叱るのはいけません。なお、中毒症状をおこす物を食べてしまったなど緊急対応が必要な場合は、中毒110番という電話相談を公益財団法人日本中毒情報センターが行っていますので、問いあわせるとよいでしょう。

（長谷川洋）

先輩からのアドバイス

ケアマネジャーは家族の相談を受け、介護上のアドバイスを行うことが度々あります。しかし、ケアマネジャー自身よくわからずに返事に困ってしまうことも多いでしょう。このようなときは、「餅は餅屋」ということわざがあるように、その道のプロと連携して情報を得るという手段を活用することです。ケアマネジャーは万能ではありません。だからこそ独りよがりになるのではなく、さまざまな専門職という人的資源と連携していくことが必要です。過食や異食への対応も、例えば言語聴覚士、歯科衛生士、管理栄養士などと相談すれば、良いアイデアが生まれるかもしれません。多職種連携は、ケアマネジャーのアイテムにもなるのです。

13 | BPSD❺ 性的言動

> **POINT**
> ご本人の自尊心を刺激し、
> 他のことに注意を向けましょう。

さみしさ（孤独感）が背景にあることも……

　性的なことを安易に発言したり、デイサービス等の集団の場面で異性の身体にふれてしまうといった行動をとることがあります。これらは判断力の低下、自制心の低下、衝動性の亢進といった要因で生じます。このような言動や行動は、集団生活になじまず、利用者同士だけでなく職員との関係も悪くなってしまいます。本人も「自分は嫌われている」「みんなが自分を避ける」といった感情を持ちますが、自分の言動や行動を覚えていないことも多く、対応は難しいです。

　性的言動をとってしまう背景には、他のBPSDと同様、本人の基盤の気持ちが不安定であったり、さみしさ（孤独感）が原因であることもが多いです。対応方法として、本人の自尊心を刺激するような話をしてみるとよいでしょう。例えば、今までの人生で楽しんできたことや、充実した時間をおくっていた時期のことをうかがい、日常のかかわりで「Aさんは昔、○○な仕事をされていたんですよね。すごいですね」といった会話をするのです。自尊心を高めていくことができれば社会性が回復するかもしれません。

　また、そのような言動や行動があったときに、その都度「この場ではふさわしくないので、ご配慮お願いしますね」と丁寧に冷静に注意するのもよいのではと思います。介護スタッフ、職員が対象であれば、「私はそういうことは嫌いです」とはっきりと伝えるのも効果的です。

（長谷川洋）

みんなで一緒に支えていくチーム作りが必要

　性的言動や行動がある人に対しては、専門職としての「専門性」では対応できない場合があります。専門職としてよりも、個人の価値観が大きく影響します。うまく流せる人もいれば、このような行動が出る人には、「感覚的に無理」というケア従事者もいるからです。家族の場合は激しい落胆につながります。1人で抱え込まずに、みんなで一緒に支えていくチーム作りが必要になります。（石川進）

> **まとめ**
> 性的言動の背景には満たされない気持ちやさみしさがあります。本人の自尊心を高めるかかわりをするとともに、1人で抱え込まずチームとして対応しましょう。

14 BPSD❻ アパシー（意欲の低下）

POINT
うつ病との鑑別に注意が必要です。
周囲の人が本人にしてもらいたいことがあれば、
提案してみるのも1つの手です。

認知症以外の病気との鑑別に留意する

　何もしないで1日ぼんやり過ごす……。認知症の症状にうつ病とよく似た「アパシー」という状態があります。アパシーとは、意欲の低下した状態、無関心をいいます。

　アパシーとうつ病との鑑別は難しいのですが、よく見られる違いを図表4-3に示しました。うつ病は、本人の自覚があり改善を望みますが、アパシーでは本人の困り感が少ないことが多く「別にいつも通りです。大丈夫です」と話し、むしろ介護者の方が心配します。

　アパシーで活動性が低下している場合は、周囲の人が本人にしてもらいたいことを提案してみるのも1つの方法です。私たちは自分のために何かするよりも、人の役に立つことをするほうが頑張れることもあります。

　うつ病と認知症の鑑別は難しいです。うつ病から認知症を併発する方もいれば、認知症でうつ病を併発する方もいます。また、レビー小体型認知症では、もの忘れは目立たなく不眠やうつ気分が最初に現れる症状のことも多いです。うつ病とアルツハイマー型認知症でよくみられる症状の違いは第1章09に示しましたが、鑑別できずどちらの診断の可能性も念頭におきながら、経過をみていくことも多いと思います。

　アパシーへの対応は、本人が望んでいることを時間のゆとりがあるときにうかがい、叶えられることがあれば手伝ってあげることです。ご高齢になられ、筋力

14 BPSD❺アパシー（意欲の低下）

図表4-3 抑うつとアパシーの鑑別

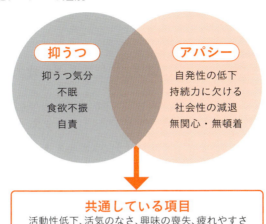

出典：長谷川和夫・長谷川洋著『よくわかる認知症とうつ病』中央法規、2015年、177ページ

の低下、視力の低下、聴力の低下、咀しゃく、嚥下機能の低下といった身体面の影響で、本当はしたいことがあっても、あきらめていることもあるかもしれません。本人の気持ちをうかがうことが難しいようなら、言語的コミュニケーションだけでなく、関係性によりますが、肩をさすったり、手を握るといった非言語的コミュニケーションも有効です。

（長谷川洋）

医師からのアドバイス

　意欲の低下が体のだるさなど、身体面から生じていることもあります。高齢の方では高血圧、糖尿病、心臓病など、体のだるさが症状の病気をもっていることも多くあります。元気がない、活動的でなくなったのをアパシーやうつ病と安易に考えてしまうのも危険なので、必ず専門医による身体面の精査、診察を受けましょう。そして、診断内容に応じて当然ケアのあり方も見直していきます。

15 BPSD❼ 幻視

> **POINT**
> 電気をつけて、さわってみることで「まぼろし」であり、心配ないことを説明しましょう。

一緒に確認する

　幻視はレビー小体型認知症で生じやすいといわれています。実際にはいないのに「会社の同僚が4人きたから、晩御飯の準備を頼むよ」「あれ？　小さい女の子はどこに行ったかな？　ずっといただろう？」といった訴えを口にします。

　対策としては、夜間にみられるときは電気をつけたり、さわってもらおうとしてもらいます。夜間はぼんやりしているときに生じるので、何か行動することで意識がはっきりして幻視がなくなることが多いです。また、日中でも近くに寄って話しかけてみたり、さわろうとしてもらい、それができない場合はまぼろしであり、病状の1つであるから心配ないことをお伝えします。　　　　（長谷川洋）

場面転換を行う

　相手の思いや行動を「肯定」するのと、「受容」するのとは違います。認知症の人は見えているものを否定されると、「なんで『いない』と言うんだ！」と怒りにつながり、かえってこじれてしまいます。

　本人が見えているものを受け止め、その思いに寄り添いつつも、それが事実でないことを認識してもらいます。例えば、部屋を移動するなどの場面転換を行うと幻視が見えた部屋に戻っても、もう見えなくなっているということもあります。そこで事実確認を行います。場面転換や、その場の雰囲気の切り替えなどを考え

15 BPSD❼ 幻視

4 認知症の症状と対応のコツ

てみましょう。　　　　　　　　　　　　　　　　　　　　　　　　　　（石川進）

事例　レビー小体型認知症の方の幻視への対応

事例の概要

　Aさん（82歳）は、レビー小体型認知症の夫Bさん（85歳）を長年介護されてきました。

　Bさんは部屋の中に蛇がはっている、机の上に虫が一杯いる、あるいはずいぶん昔に亡くなったBさんの母親が家に来ていて、いろいろ話しかけてくるといったことを訴えるようになりました。Aさんはその都度、蛇や虫はいない、母親はとっくの昔に亡くなったとBさんの訴えを否定したのですが、その都度Bさんは「そこにいるやないか！」と激怒し、Aさんを困らせていました。相談を受けたケアマネジャーもBさんに現実認識してもらおうと、何度も声かけをしましたが、Bさんには怒られるばかりでした。

　そのような状況が続くなか、否定するたびに怒るBさんにうんざりしたAさんは、Bさんの話に合わせることにしました。蛇がいると言われると、「え？　蛇がいるの？　ほんとやね、怖いね、隣の部屋に逃げましょう！」と言って、Bさんを別

室に連れて行きました。Bさんは怒ることなくAさんに従いました。そして、別室で一息入れてから元の部屋に戻ると、Bさんは幻視を訴えることはありませんでした。

対応について考える

　この出来事を通じてAさんは、Bさんに見えている事実を否定すると、Bさんにとっての事実を否定されるので腹が立つのだとわかり、まずはBさんにとっての事実を受け止めるようにしました。そのうえで別室に連れて行き、Bさんの気持ちを落ち着けたのでした。

　Aさんはこのように受容と、部屋を変えるという場面転換を行うことによって、Bさんの幻視での不安感を解消する方法を自ら見つけ出したのです。

　担当ケアマネジャーは、毎日の悪戦苦闘するケアのなかで、自ら見つけ出したAさんのケアの方法に感心するとともに、Aさんの心身の負担の軽減と、Bさんの残存機能を活かすための介護サービスの導入を行いました。

　日々のかかわりのなかでケアマネジャー自身が、認知症の人や介護家族から学んでいくことは多々あるのです。

（石川進）

医師からのアドバイス

　幻視を肯定してしまうと「妄想」につながることがあるので、一緒に確認して「いない」ことを伝えましょう。ただし、「なに言ってるの！　そんなものはない！」と無下に否定すると、否定的な感情が残るのでよくありません。

認知症の人に対するケアマネジメントの基本

5

CONTENTS

01 認知症という病気を理解するということ
02 認知症ケアの柱「価値と倫理」
03 パーソンセンタードケア
04 認知症の人のアドボカシー

01 認知症という病気を理解するということ

> **POINT**
> 最初で最終の目標は、尊厳ある1人の人として接することです。

認知症ケアには専門性が必須

　認知症は多かれ少なかれ誰もが知っている病気です。マスメディアでも予防を含めて認知症を取り上げた番組は多く、テレビで目にしない日はないほど今や皆さんの関心ごとになっています。また、広く認知症の人への理解を求めた認知症サポーター養成講座も各地で開かれ、認知症の人への理解は少しずつ広がりつつあります。最近は小学生も認知症キッズサポーターとして勉強をしています。

　これだけ世間一般に知れ渡っている認知症ですが、実際のケアはかなり大変な状況だということはご承知のとおりです。家族介護者もケア実践者も日々疲労が山積で、なによりも認知症のご本人が四苦八苦の毎日なのです。それだけに認知症ケアはかなりの専門性が必要になります。

　特に認知症の人を支える柱となるケアマネジャーは、なお一層の専門性を発揮することが要求されます。ケアマネジャーの仕事に就いたからには、必ず認知症の人へのケアマネジメントの実践が待っています。つまり、認知症の人の理解は、ケアマネジャーの仕事を行う者として、会得しておかなければならない必須項目になるのです。

01 認知症という病気を理解するということ

5 認知症の人に対するケアマネジメントの基本

「認知症の人」ではなく「尊厳のある1人の人」として接する

　とは言うものの、特に新人ケアマネジャーの場合、認知症の人はちょっとハードルが高いケースとなるでしょう。戸惑いも多くなることと思います。しかし、ポイントさえつかめばそのハードルは低くなるのです。

　そのポイントでもっとも大切になることが、「認知症の人」としてみるのではなく、「尊厳ある1人の人」として接することです。これが最初に持たなければならない価値であるとともに、最終の目標でもあるのです。

　もっとわかりやすく考えるならば、あなた自身のこととして考えてみる視点を持つということです。あなたは他者に、尊厳ある1人の人として接してほしいか否かということと、同じなのです。

医学的知識をしっかり押さえる

　ではどのように学べばその視点にたどり着くことができるのでしょうか？　そのためには、まずは認知症の人を理解するための基本的知識となる医学的観点からみた知識をしっかりと押さえることが大切になります。認知症という病気を正

しく理解するということ。つまり、第1〜4章までのなかに、これから皆さんがかかわる認知症の人へのアプローチのヒントがいっぱい詰まっているのです。ですから、この後の章も、第1〜4章を時々振り返りながら進めていきます。

1冊の本を行ったり来たりすることで、基礎知識は確実についていきます。基礎知識が身につけば、これからケアマネジャーとして頑張っていく皆さんの自信と成長にもつながります。皆さんが成長すれば、おのずと認知症で四苦八苦している本人や家族にもプラスとなります。そうなればケアマネジャーとして面目躍如になるでしょう。

たんに認知症と言っても人それぞれに、その広さ深さがさまざまなのはこれまでの章で十分に理解できているはずです。病名が違えば、症状も違います。1人ひとりみんな違います。当然、私たちが直面している認知症の人のBPSDも、1人ひとり原因・理由・背景は違うのです。認知症という言葉でひとくくりにはできないのです。

ケアマネジャーは医学知識の正しい理解のうえで、どのようなサポートが認知症の人に必要かをアセスメントしていきます。さらに残存機能を活かしエンジョイライフを目指す視点も忘れてはいけません。

と、ここまで読むと大変だなと思うかもしれませんが、利用者支援のためにより良いケアマネジャーを目指すということは、自分自身の人生を大切にするということにもつながるのです。

先輩からのアドバイス

　認知症と一言で言っても、原因疾患が違えば症状も異なります。同様にBPSDの原因・理由・背景も違います。ひとくくりにはできないのです。ケアマネジャーには目の前の1人ひとりを「人」として、尊厳を持って支援することが求められます。

01 認知症という病気を理解するということ

自分のこととして考えてみる❶

COLUMN 5

認知症の人に対するケアマネジメントの基本

　例えば、あなたが高熱で寝込んだとしましょう。たんなる風邪なのか、それともインフルエンザなのか、あるいは別の病気からくるものなのか？ あなた自身の判断で市販の解熱剤を飲んでもよいものなのか？　そもそも何が原因で熱が出たのか？

　当然これらのことを確認するには医療機関を受診することが必要になります。そして診断の結果で、その後の対応が変わってきます。また、自宅療養となったとしても、あなたが一人暮らしなのか、家族と暮らしているのかなど、自身が置かれている環境によっても変わってきます。身体的なことだけでなく、周辺環境の影響もあります。疾病に対する管理ができるのか否か、それによって熱の上がり下がりにも影響します。当然精神的にも健康なときとは違った思いにさらされることになります。

　あなた自身が体験するこのようなさまざまな状況を高齢者に置き換えて把握していくことも、ケアマネジャーの仕事です。特に認知機能の障がいが生じる認知症の人ならば、なおさらこのような詳細情報の確認が必要でしょう。自分のことと思って考えてみてください（第7章03参照）。

02 認知症ケアの柱「価値と倫理」

POINT
倫理と価値はケアマネジャーにとってのフラッグシップです。

ケアマネジャーとしての責務とは

　認知症ケアの実践の前に、皆さん自身が信頼してもらえるケアマネジャーになっていただくために、大切な倫理について少し厳しめの話をします。なぜ厳しめかというと、倫理という言葉はよく知っていても、その重要性についてはあまり認識していないケアマネジャーもいるからです。

　ケアマネジャーとして資格を有して働くとなれば、必ず守らなければならない決まりごとがあります。それは、利用者の尊厳を守り、権利を擁護するというケアマネジャーとしての責務、つまり責任と義務です。

　この責務は認知症の人のみならず、すべての利用者に対して当然持たなければならないものですが、ともするとケアマネジャーのなかには、認知症の人を"困った大変な人"という固定観念でとらえ、いつの間にか見下すような態度になっている人もいます。「認知症の人は何もわからない」という考えから、本人の意思よりケアマネジャーの意思で支援を押しつけてしまいがちなのです。これでは認知症の人の尊厳と権利を無視していることになってしまい、ケアマネジャーの責務から外れることになりますから、倫理観の喪失をも意味します。

　もう一度、第1章の01と02を確認してください。ケアマネジャーが認知症の人の心身の状態をしっかりと把握できているかどうかを振り返りながら、順次認知症の人への理解について正しい考えの下で、学んでいきましょう。

倫理綱領はケアマネジャーにとっての法律

　残念ながら、個人の尊厳を軽視するというケアマネジャーの資質を問うような声が、家族介護者等から聞こえてくることがあります。これはケアマネジャーが大切な責務を忘れてしまった状況が生み出した声と言えるでしょう。なによりも、この仕事に対する誇りをも傷つけてしまうものとなります。そしてこのことは決して他人事ではなく、皆さん自身が一番気をつけなければならないことなのです。

　このような声があがらないように、専門職団体は倫理綱領を設けています。倫理綱領とは、専門職団体が専門職としての社会的責任、職業倫理を行動規範として成文化したものです。ケアマネジャーは常に専門職としての倫理を意識して行動しなければならないのです。つまり「倫理綱領」はケアマネジャーにとっての法律なのです。各専門職団体によって文言の差異はあっても、「自立支援」「尊厳を護り権利を擁護する」ことは明記されています。この倫理綱領に照らせば、認知症の人へのケアマネジメントもおのずから方向性が決まってくるのです。

　参考に日本介護支援専門員協会が作成した倫理綱領（一部）を掲載します。

日本介護支援専門員倫理綱領（抜粋）

自立支援
1. 私たち介護支援専門員は、個人の尊厳の保持を旨とし、利用者の基本的人権を擁護し、その有する能力に応じ、自立した日常生活を営むことができるよう、利用者本位の立場から支援していきます。

利用者の権利擁護
2. 私たち介護支援専門員は、常に最善の方法を用いて、利用者の利益と権利を擁護していきます。

対人援助職としての価値を確かなものに

　認知症の人の尊厳や権利を擁護するためには、対人援助職としての「価値」、つまり援助を方向づける理念をしっかりと確立しなければなりません。「対人援助は知識と技術と価値から構成され、それらが実践として三位一体となって提供されています。」[注1]

　ケアマネジャーは研修や経験から得た知識と技術を駆使して人を支援しますが、その知識と技術をどの方向へ向けるか、どう活かすかは価値によって決まります。「価値とは、援助を方向づける理念・思想・哲学」[注2]です。私たちがどのような援助を行いたいかを示すものです。このもっとも大切な基本となる価値が軽視されたり、間違ったものになると、援助者中心の支援という、倫理綱領に反した行動になってしまいます。

　人を支援することを職業としている者として肝に銘じなければならないのは、援助を必要とする人の大切な人生の時間を不適切な対応で侵害してはならないということです。ところが要援助者が認知症の人となると、BPSDやコミュニケーションがとりにくいという理由で、認知症の人の人生をケアマネジャーが管理しようとします。あるいは当然のように「認知症の人なのだから管理は仕方がない」という援助者側優位の考えに陥ってしまいます。人の尊厳を護ることと管理することとは相いれないものなのです。価値の存在を忘れることは、ケアマネジャーとしての存在意義の喪失につながります。なによりもあなた自身の人生のマイナスにつながるのです。

価値＋感性を強みとして身につけよう

　実践の場では「支援困難では」と思ってしまうケースにかかわることもあります。そのとき、苦しくなってつい価値が揺らいで援助者優位の支援を行ってしまうことがあるかもしれません。しかし、認知症の人とのかかわりは、ケアマネ

注1　岩間伸之『支援困難事例と向き合う』中央法規出版、2014年、152ページ
注2　同、153ページ

ジャーの専門性をさらに高める絶好の機会なのです。倫理に合致した価値は、「認知症の人の基本的人権や利益と権利」を擁護するケアマネジャーにとってのフラッグシップなのです。価値を苦痛に思うのではなく、「価値こそがケアマネジャーの強み」として身につけていきましょう。

また、認知症ケアは知識・技術・価値に「感性」を加味することで一層の強みになります。認知症ケアにおける感性の必要性は、長谷川和夫先生も語られており、「感性を育てる一番の近道は、認知症の人としっかり向き合うこと」[注3]とおっしゃっています。特に認知症ケアの価値ともいえるパーソンセンタードケア(第5章03参照)では感性に磨きをかけることがとても重要になります。

認知症ケアは知識・技術・価値に加え、感性も育まれたケアマネジャーになるための道なのです。

> **まとめ**
>
> 利用者の尊厳を護り、権利を擁護するというケアマネジャーとしての責務をまっとうしましょう。その責務が明記された倫理綱領に準じれば、認知症の人へのケアマネジメントもおのずから方向性が決まってきます。倫理に合致した価値は、皆さんにとっての強みにもなるのです。

注3 長谷川和夫『認知症ケアの心』中央法規出版、2010年、55ページ

03 | パーソンセンタードケア

> **POINT**
> パーソンセンタードケアは
> 認知症ケアの基本理念です。

ケアマネジャーに必要なパーソンセンタードケア

　常日頃、認知症の人とかかわることになるケアマネジャーですが、今や認知症ケアの基本理念として定着しているパーソンセンタードケアについては意外と知らないという人も多いようです。

　主に入居系の援助者向けにパーソンセンタードケアの研修が行われているということがその原因にあるかもしれません。しかし、居宅のケアマネジャーにとってもパーソンセンタードケアは認知症の人のケアマネジメントにおいて外すことのできない理念なのです。特に第5章02で説明した「価値と倫理」に深くかかわるものであり、認知症の研修はこのパーソンセンタードケアを理念として行われているので、居宅のケアマネジャーも同様に学んでいかなければならないものなのです。

　パーソンセンタードケアは英国ブラッドフォード大学のトム・キットウッドが提唱したもので、日本では『認知症のパーソンセンタードケア』（トム・キットウッド著、高橋誠一訳、筒井書房、2005年）などで紹介されました。

　簡単に説明すると、認知症の人を1人の人として尊重し、その人の個性や人生を重んじ、その人の視点に立って考えるケアと言えます。

　これまでのBPSDへの対処が中心だった考えから、全人的視点に立った考え方へと変わっていったのです。認知症の人のケアマネジメントの軸をぶらさないためにも必要不可欠なものなのです。

03 パーソンセンタードケア

図表5-1 認知症ケアの２つの文化

	古い文化、考え方、対応 (オールドカルチャー)	新しい文化、考え方、関わり (ニューカルチャー)	パーソンセンタードケアを軸にした ケアマネジャーの考え方
認知症の一般的な見方	認知症は人格と自己が進行的に壊れ、なにもわからなくなっていく病気である。	どのような症状になるかは、ケアの質次第である。	一人の人としての尊厳と権利擁護の視点のもと、ケアの内容を考える。
認知症のことを一番知ってる人	医師や脳科学者であり、彼らの意見のみが正しい。	もっとも頼りになり、認知症ケアの知識があるのは、十分なスキルをもった、すぐれた洞察力をもつ介護者である。	認知症ケアのスキルを磨くとともに、それらのあらゆる援助者と連携したケアを考える。
認知症研究の重点	認知症の人に前向きにできることは、原因究明と薬の開発程度である。	人間に対する理解とスキルを高めることで、できることはたくさんある。	医学的理解を踏まえつつ、できないことばかりを見るのではなく、できることを探し出す。
ケアに必要なこと	ケアは安全な環境と基本的ニーズ（食事、排せつ、着衣、睡眠など）を与えて管理する。	安全な環境と基本的ニーズを満たすことは基本だが、それはケア全体の一部でしかない。ケアはそのひとらしさを維持し、高めることができる。	「認知症」を主体にしたケアマネジメントではなく、一人の「人」を主体にしたケアマネジメントを考える。心和む生活環境を考える。
もっとも理解しなければならないこと	病気の進行について理解しておくこと。	一人の人として、そのひとらしさを理解することが重要。認知症の人らの感じ方もそれぞれ違う。	豊かな感情は残っており、そのひとらしさを大切にしたマネジメントを考える。
BPSDへの対応	問題ある行動に対して、ケア側が効率的に管理するために、認知症の人を指導しなければならない。	BPSDはその人からのメッセージとして理解し、満たされていないニーズにかかわること。	BPSDを困った行動としてその対処を考えるのではなく、その行動から認知症の人が求めているものを考えていく。
介護者の気持ち	介護者の気持ちより、介護がスムーズに行えるよう管理・実践することのほうが大切。	ケアで重要なことは、介護者の思いをしっかりと受け止め、これからの介護が前向きになるように考えること。	本人も介護者もそのつらさを受け止めつつ、前の人に対する支援体系を多様な専門職チームですすめていく。

参考：トム・キッドウッド著、高橋誠一訳『認知症のパーソンセンタードケア』クリエイツかもがわ、2017年、236ページを参考に石川進が作成

1人の人として尊重する

　パーソンセンタードケアでは、最初に人の尊厳について語られています。認知症の人は、ともすれば個別性が無視され、問題ある行動をする人たちとされ、その行動（BPSD）への対処が中心になっていました。しかしトム・キットウッドは、そのような考えや実践をオールドカルチャー（古い文化）と呼び、パーソンフッド（その人らしさ）を大切にしたニューカルチャー（新しい文化）を提唱したのです。

　ここで押さえておかなければならないのは、ケアマネジャーとオールドカルチャーの関連性です。オールドカルチャーとニューカルチャーの対比表（図表5-1）の、オールドカルチャー欄を見てください。皆さんが陥りやすいケアマネジメントが、オールドカルチャーにはいっぱいあるのです。

　問題に対処するだけで、本人の意志を無視した援助者主体。「安全・安心」という言葉を盾にした自由のはく奪。深く考えることのないとりあえずの対応。そしてみんなで支えていく視点のないケアなど、少なからずともこれまでのケアマネジメントではオールドカルチャーに書かれているような問題対処、あきらめ型のケアマネジメントが行われていたのです。

　これからケアマネジメントを実践する皆さんは、このオールドカルチャーではなくニューカルチャーの項目を遂行する必要があります。なぜならば、まさしくニューカルチャーこそが倫理と価値に合致した項目であり、パーソンセンタードケアはケアマネジメントを実践するうえでの必須項目と言えるからです。

　また、オールドカルチャーの考え方の根源となっている「悪性の社会心理」（図表5-2）についても確認してください。

　認知症の人を1人の人として尊重しているならば、この表にチェックは入らないでしょう。おそらく皆さんはチェックが入らないと思いますが、常にセルフチェックを行うことは必要です。パーソンセンタードケアの入り口は、認知症の人を問題を起こす人と見るのではなく、私たちと同じ人として尊重することなのです。

図表5-2 悪性の社会心理

認知症の人に対して	思い当たれば ✓入れてください	認知症の人に対して	思い当たれば ✓入れてください
❶だます		❿もの扱い	
❷できることをさせない		⓫無視する	
❸子ども扱いする		⓬無理強い	
❹おびやかす		⓭放っておく	
❺レッテルを貼る		⓮非難する	
❻汚名を着せる		⓯中断する	
❼急がせる		⓰からかう	
❽主観的現実を認めない		⓱軽蔑する	
❾仲間はずれ			

＊1項目でも該当するものがあれば、「02 倫理と価値」を読み直してください。
＊セルフチェックですので、本人や家族の認識とは異なることも考えられます。
参考：トム・キッドウッド著、高橋誠一訳『認知症のパーソンセンタードケア』クリエイツかもがわ、2017年、85～87ページを参考に石川進が作成

認知症の人の視点に立つ

　パーソンセンタードケアの中核をなすのが、認知症の人の視点に立って考えるということです。しかしそのためには、それなりの知識と技術、そして感性が必要になります。BPSDへの対処ではなく、また援助者主体でもなく、あくまでも生活者としての利用者を中心としたケアを行うのだということを必ず頭に叩き込んでください。

　認知症という疾病からのさまざまな不適応はあるけれど、「認知症」を主体にした対応ではなく、「人」を主体としたケアを考えていくということです。当然ケアマネジャーの視点は「人」を軸にしたケアマネジメントであり、「認知症」を軸にしたケアマネジメントではないのです。認知症になっても1人の個人として、その人らしさを尊重したかかわりを持つことが求められます。

　特にケアマネジャーは、認知症の人のケアマネジメントを行うという重要な役

割を担います。ケアマネジャーの考え方がぶれると、サービスだけでなくその人の生活そのものがぶれてしまいます。それだけ認知症の人の視点に立つことは、ケアマネジャーとしての大切な視点になるのです。

ではどうすれば認知症の人の視点に立てるようになるのでしょうか。詳細は第6章以後で順次説明しますが、なによりも認知症という疾病の状況を把握すること。そのうえで、ニューカルチャーを軸に、生活の障がいとして捉え、その人らしさを維持するための全人的ケアを行うために、認知症の人の思いに接近し、認知症の人の視点に立ったケアマネジメントを考えていくことが大切なのです。

先輩からのアドバイス

　パーソンセンタードケアは、認知症の人のケアマネジメントの軸をぶらさないためにも必要不可欠な知識です。認知症の人を問題ある人と見るのではなく、私たちと同じ人として尊重します。

　ニューカルチャーは倫理と価値に合致した項目であり、ケアマネジメントを実践するうえでの必須項目です。その軸は「人」であり、「認知症」ではありません。

認知症の人々の主な心理的ニーズ

COLUMN 5

トム・キッドウッドは認知症の人が求めている心理的なものとして5つのニーズを述べました。この5つのニーズは、人として普通に普段から求めているものと言えるでしょう。そしてそのニーズの中核には、愛を求める姿があるとしています。しかし、認知症の人の場合、これらのニーズを自らの意思で満たすことが難しいのです。だからこそ周囲の働きかけが必要になり、このニーズを押さえたケアマネジメントを行っていかなければならないのです。

結びつきがもたらす安心。その人が他の人と違って特別に感じている愛着やこだわり。その人独自の価値観。

身体的にも心理的にも緊張感がなく、リラックスしている状態。安心の感情。

集団の一員であることの安心感。のけ者にされるのではなく、周囲とつながりをもって生きていたいという気持ち。

その人だけがもっている特別な自分らしさ。その人らしさ。自分が他の人と違う独自な人間であると思う気持ち。

一方的になにかをしてもらうのではなく、自分もなにかをしたいとか、手助けしたいという気持ち。

出典：トム・キッドウッド著、高橋誠一訳『認知症のパーソンセンタードケア』クリエイツかもがわ、2017年、142ページをベースに執筆された認知症介護研究・研修センター監『認知症介護実践者研修標準テキスト』第1章第3項、ワールドプランニングを村上宏三が図式化、石川進が修正

04 認知症の人のアドボカシー

> **POINT**
> ケアマネジャーは専門性を活かして
> 認知症の人を護ります。

ケアマネジャーとアドボカシー

　ケアマネジャーの試験や研修のなかで、必ず出てくるのがアドボカシー（advocacy）の機能です。もう一度おさらいすると、アドボカシーとは、自己の権利を表明することが困難な障がい者や認知症の人の権利擁護の機能であり、ケアマネジャーはその機能を担う役割があります。そして意志の表明が困難な人に代わり、その人の意見を代弁する人のことをアドボケーター（advocator）と言います。

　第5章02でも説明しましたが、アドボカシーについては日本介護支援専門員協会倫理綱領の第2項「利用者の権利擁護」にも明記されています。ケアマネジャーにとってアドボカシーは、欠かすことのできないそれだけ重要な役割なのです。

　言うまでもなく、認知症の人とのかかわりでは、ケアマネジャーはアドボカシーの機能を働かせることになります。なぜなら、認知症の人は疾患のために意思表示がうまくできなくなった状況の人が多いからです。このとき、もしBPSDという症状だけに対処しようとすると、ケアマネジャーはいつの間にか本人の側ではなく、援助者側（介護職や家族）の視点や都合で支援を考えるようになります。そうなると認知症の人のアドボケーターとしての役割を果たせなくなります。このようなことにならないためにも第1章〜第3章で説明した「医学面から見た事実」を押さえておく必要があるのです。

専門性をいかしたアドボケーターになる

　では、なぜケアマネジャーにはアドボカシーの機能を担う役割があるのでしょうか。それはケアマネジャーには専門性があるからです。

　認知症の人と家族が同居している場合、生活のほとんどを共に過ごす家族は、たとえ介護に疲れていたとしても、本人のことを一番理解していると思うかもしれません。そしてケアマネジャーも本人の意向がよくわからない場合、家族の意向を本人に代わるものとして受任することもあります。しかしこの場合は、客観的には本人の権利擁護とは言い難いでしょう。

　家族と違ってケアマネジャーには専門職としての専門性があります。第6章で取り上げますが、身体の状況、周辺環境、生活歴、生活スタイルなどのアセスメント、本人の思いを理解するためのあらゆるコミュニケーション法や対人援助技術、そして本人のよりよい生活を目指すための介護のノウハウ、さらには家族の思いや状況も含めて、客観的かつ専門的立場からさまざまな情報の下で極力本人の思いに接近して、本人の意志を代弁する形で権利を擁護できるのです。

　認知症の人が独居なら、ケアマネジャーのアドボケーターとしての役割はなお一層強化されるでしょう。自分の意志を伝えられなくなった認知症の人、その人を誰が護(まも)るのでしょうか？　もちろん専門職以外の人も含め、多くの人がかかわ

るでしょう。しかし誰がその認知症の人の思いを「根拠を示しながら代弁して伝えられるか」というと、やはり研修と経験を積んだケアの専門職や、ケアのマネジメントを行うケアマネジャーでしかないでしょう。つまりケアマネジャーは、認知症の人にとって、最後に頼れる存在ともいえるのです。

　本人の意志を理解し代弁するアドボケーターとしての役割を実践するには、他者に対して、なぜそうなのかということを、根拠を持って伝えられることが必要です。そのためには、専門職としての知識や技術、経験や感性を磨いていかなければならないのです。

> **まとめ**
> 医学面からみた事実から、認知症の人のアドボケーターとしての必要性を認識すること。認知症の人の思いを、根拠を示して本人に代わって他者に伝えられるようになりましょう。

自分のこととして考えてみる❷

COLUMN 5 認知症の人に対するケアマネジメントの基本

もし私たちが、自分の大切な人生の時間を他人に支配されたり、勝手に決められたらどう思うでしょうか。私なら激しい憤りを感じます。認知症の有無にかかわらず、支配されることは受け入れ難いことなのです。

ところが、認知症の人に対しては、「そんなことは、わかるはずがない」と決めつけてしまう人がいます。しかし、その考え方こそが倫理から逸脱することにつながっていくのです。「認知症だから」が、やがて「ニンチ」と認知症の人を呼ぶようになり、自分でも気づかないうちに利用者を見くだす態度になっていくのです。それは自らの不勉強さをアピールしているようなもので、そのような態度で損をするのは、結局自分自身なのです。

私たちはパーソンセンタードケアの視点を持ち「人」を軸にケアマネジメントする姿勢を忘れてはなりません。このような視点を持つことは、自分自身の人間的成長にもつながります。「人」という字からわかるように、認知症の人は、あなたが支えになっているのと同時に、あなたも支えられているのです。

みんな同じ「人」なのだ！

認知症の人とのコミュニケーションとアプローチ法

CONTENTS

01	対人援助技術の基本
02	認知症の人とのコミュニケーションの基本的考え方
03	認知症の人の視点に立つためのアプローチ❶二次元的思考法：ひもときシート
04	認知症の人の視点に立つためのアプローチ❷二次元的思考法：センター方式
05	認知症の人の視点に立つためのアプローチ❸三次元的思考法
06	認知症の人の視点に立つためのアプローチ❹四次元的思考法：認知症の人になりきる

01 | 対人援助技術の基本

> **POINT**
> 対人援助職の基本として
> 「バイスティックの7原則」を身につけよう。

　ケアマネジャーは人にかかわる仕事のため、対人援助技術やコミュニケーション技法を身につけておかなければなりません。それは利用者のためであると同時に、ケアマネジャーとして成長する自分自身のためでもあるのです。皆さんは長時間の研修のなかで、対人援助についての勉強をされてきているはずですが、認知症の人とのコミュニケーションは、対人援助技術の基本があってこそできるものといえます。そこで、認知症の人への専門的コミュニケーションの前に、今一度、対援助技術の基本を押さえておきましょう。

バイスティックの7原則とは

　バイスティックの7原則は、アメリカのフェリックス・P・バイスティックが1957年に著書『ケースワークの原則』で記した相談援助技術の基本です。現在までにこの7原則を上回る理論はなく、ケースワークの原則として定着しています。ケアマネジャーの研修でも必ず出てくるものなので、皆さんも学んでいるはずです。そのため、ここではこの7原則の説明ではなく、なぜ認知症の人とのコミュニケーションでバイスティックの7原則が必要なのかを解説していきます。

1. 個別化の原則
「認知症の人」と、ひとくくりにしないようにするということです。認知症と言ってもその状況は1人ひとりすべて違います。それなのに「認知症」というだ

01 対人援助技術の基本

図表6-1 バイスティックの7原則と援助関係における相互作用

バイスティックの7原則/その意味	認知症の人のニード	ケアマネジャーの反応（動き）	ケアマネジャーの反応への認知症の人の思い
1. 個別化の原則 認知症の人を個人として捉える	「認知症」の困った人ではなく、1人の人として迎えられたい		
2. 意図的な感情表出の原則 認知症の人の感情表現を大切にする	感情を表現し、心を解放したい		
3. 統制された情緒関与の原則 援助者は自分の感情を自覚して吟味する	自分の思いへの共感的な反応を得たい	ケアマネジャーは、認知症の人のニーズを［感知］し、［理解］するために、適切な技法や感性を働かせる。	認知症の人は、ケアマネジャーの反応に、自分の思いが受け止められたことを実感し、この人は信頼できるのではないかと感じ始める。
4. 受容の原則 受け止める	私そのもののつらさを受けとめられたい		
5. 非審判的態度の原則 認知症の人を一方的に困った人にしない	一方的に非難されたくない		
6. 自己決定の原則 認知症の人の自己決定を促して尊重する	理解できないと思うのではなく、判断できるよう聞いてほしい。わからないところはサポートしてほしい		
7. 秘密保持の原則 秘密を保持して信頼感を得る	自分の秘密はきちんと守ってほしい		

＊F・P・バイステック著、尾崎新・福田俊子・原田和幸訳『ケースワークの原則（新訳改訂版）』誠信書房、2006年、27ページの図を石川進が認知症の人に当てはめて加筆

6 認知症の人とのコミュニケーションとアプローチ法

けで同じような対応を考えてしまいがちです。疾病名だけからの判断ではなく、その人の置かれている状況はみんな違うのだということを理解してください。

2. 意図的な感情表出の原則

認知症の人は、自らの意志や感情表現がうまくできない状況にあります。ケアマネジャーとして、感情表現が行いやすい雰囲気づくりに努める必要があります。

3. 統制された情緒関与の原則

この原則は、認知症の人にかかわるケアマネジャーにとって、もっとも重要でかつ難しい原則と言えます。2つのポイントがあり、❶認知症の人の感情に呑み込まれないための統制力、❷認知症の人を理解し、受容するためのケアマネジャー自身の感情の統制力があります。

4. 受容の原則

認知症の人の行動には、その人なりの原因・理由・背景があるのだと理解することです。つまり、認知症の人の表出行動そのものを受容するというより、その行動や言動には必ず意味があるのだという事実を受け止めるということです。ただし、信号を無視して渡ったり、遮断機をくぐる、物を盗るなどの行動を肯定するということではありません。

5. 非審判的態度の原則

ケアマネジャーは認知症の人にとって理解者でなければなりません。むしろアドボケーターとしての役割があります。認知症の人の行動に対して、周囲の批判に同調するということがあってはなりません。

6. 自己決定の原則

認知症の人に自己決定は難しいのではないかと思われるかもしれません。しかしあくまでも「決定の主人公は本人である」という原則を忘れないということは、援助者主導の決定、行動へのブレーキの役割を果たします。できる限り本人の意思表示を確認すること、それが無理な場合は、アドボケーターとしての役割を遂

行するということになります。

7. 秘密保持の原則

　認知症の人も1人の人として個人情報は守らなければなりません。サービス担当者会議などでも留意してください。

> バイスティックの7原則は対人援助技術の基本です。認知症の人にかかわるときだけではなく、日頃の利用者とのかかわりのなかで意識していきましょう。

まとめ

バイスティックの7原則を学ぶ理由　COLUMN

　なぜ、バイスティックの7原則を身につける必要があるのでしょうか。
　そもそも人は1人ひとりみな違う考え方や価値観をもっています。だからこそ、それぞれに個性があるのですが、その自分の個性が他者の考えや価値観を受けつけないのです。そのため、利用者の思いを受け止めようとしても、「それは違う」と否定的な態度になってしまいます。そして相手の考えに対し、自分の考えや価値観を押しつけようとしてしまいます。
　バイスティックの7原則に示されたことは、本来、人間としては苦手なことなのです。「統制された情緒関与の原則」が特に難しいのは、自分自身の心のコントロールが必要だからです。そのため「技法」として身につけることが必要になります。ケアマネジャーとして、その技法を身につけることは、職務上不可欠なのです。

02 認知症の人とのコミュニケーションの基本的考え方

> **POINT**
> コミュニケーションがうまくいけば
> 信頼関係の構築につながります。

3つの要素から成り立つコミュニケーション

　コミュニケーションはたんに言語だけでなく、「言語」「準言語」「非言語」から成り立っていると言われています。[注] 認知症の人の場合、言語的コミュニケーションが難しくなるため、「非言語」を活用することが多く、また「言語」による場合でも「準言語」を強調することが多いでしょう。

　第1章や第4章に書かれているように、認知機能が低下するとものの忘れだけでなく、コミュニケーション能力にも支障が生じてきます。ある程度コミュニケーションが可能な状況の認知症の人とのコミュニケーションは、認知症の人に伝える「言語」に、声のトーンや音の強弱、スピードなどの「準言語」を活用して、本人が理解できる言語にして伝えることが必要です。

　さらに「言語」でのコミュニケーションが厳しくなった場合は、「非言語」コミュニケーションを駆使することになります。「非言語」によるコミュニケーションとは、「言語」「準言語」も含めたうえで、あらゆる手段を使って認知症の人に意思伝達を試みることです。よくあるのは表情や視線での伝達やジェスチャーやスキンシップを使うなど、本人に少しでも理解してもらえるような行動をとることです。聞くだけでなく、見て触れて理解してもらうことに努めるのです。このように、認知症の人の状態によって、コミュニケーションの方法を変えていかなければなりません。

02 認知症の人とのコミュニケーションの基本的考え方

図表6-2 コミュニケーションの種類

言語的コミュニケーション
言葉、文字、
電話、メール、
ファクシミリ等

準言語的コミュニケーション
語調、声の強弱、
長短、抑揚、
発話の速さ等

非言語的コミュニケーション
表情、目線、視線、
ジェスチャー、雰囲気、
身なり、スキンシップ

認知症の人とのコミュニケーションでは、その人の状態に応じて準言語と非言語を活用して、本人が理解できるように伝える必要があります。

初回面接前の事前情報の集積

　バイスティックの7原則をベースにした面接援助技術を身につけておくことは、当然認知症の人とのかかわりのなかで大切なことです。特に初回の面接時は認知症の人との、その後のかかわりの成否を握るとも言えるでしょう。

　これまでに生じている課題は当然のこと、可能な限り、これから面接する人の情報を集めておきます。その人の現在の生活状態や環境、パーソナリティーなど、さまざまな情報をあらかじめ理解しておくことで、その人の思いに接近でき、ニーズも早くつかむことができます。面接前から面接が始まっていると言えるでしょう。

　ただし、その情報が固定観念につながる場合があるので、情報を収集してもその情報だけに左右されないように気をつけなければなりません。第7章01、02をあわせて読んでください。

注）三村將、飯干紀代子編著『認知症のコミュニケーション障害―その評価と支援』医歯薬出版、2013年

初回面接は「見た感じ」「聞いた感じ」の影響が大きい

　コミュニケーションにおいては、認知症の人がケアマネジャーの話や人物のことを理解できること、自分の思いを伝えやすくすること、そしてキャッチボールのようなコミュニケーションが可能になるかどうかが重要になります。

　人にもよりますが、多くの認知症の人は病気の進行に伴って、言葉を理解することが難しくなります。そのため初めて会う人を特に視覚と聴覚により、その人（ケアマネジャー）が安心できる人なのかどうか判断しようとします。

　視覚では、ケアマネジャーの表情やしぐさ、見た感じが心地よいかなどが大切になります。聴覚では「言語」や「話の内容」より、声の感じ、やさしさ、あたたかさのような「準言語」が重要になります。さらに、この視覚、聴覚も高齢により衰えていることも考えられるので、初回面接では特にゆっくりとわかりやすい声のトーンに気をくばり、いきなり難しいことを言わず、長くなりすぎないように注意しなければなりません。

　認知症の人は自分自身が持っている不安感から、ちょっとしたことでケアマネジャーに対して不信感を持つことがあります。できれば初回は本人と1対1の面接ではなく、誰か本人が知っている人に同席してもらって行うのがいいでしょう。とにかくケアマネジャーは本人に安心感を持ってもらわないと次のステップには進めません。また、2回目以降の訪問でも面接技法を駆使することに変わりありません。

まずは聴くことに徹する

　具体的な面接時の技法としては、話をする位置（ポジショニング）、コミュニケーション上のさまざまな技法、たとえばアイコンタクト、うなづき、あいづち、繰り返し、要約、沈黙の技法などがあります。

　このなかで認知症の人と面談するうえで必ず行ってほしいことは、「うなづき」と「あいづち」と「繰り返し」というシンプルな技法です。これをはっきりと相手に示すだけでも、自分のことをわかってくれているという感覚につながります。視覚情報を前面に押し出し、準言語を活用した言語が付随してくるような感じです。

02 認知症の人とのコミュニケーションの基本的考え方

6 認知症の人とのコミュニケーションとアプローチ法

　ただし、「うなづく」と言っても、たんに首を縦に振っているだけでは本人に真剣さは伝わりません。当然表情、特に眼差しの真剣さ、伴って出てくるあいづちの響きなど、「あなたの話をしっかりと聴いています」というケアマネジャーの思いが本人に伝わらなければなりません。

　ここまでで気づかれた方も多いでしょうが、コミュニケーションの要は、認知症の人の話をしっかりと聴くことから始めるということなのです。伝えたいことが一杯あったとしても、ケアマネジャーはまずは聴くことに徹します。「自分の話を聴いてくれない人が話をしてきても、聴く気にはならない」からです。傾聴力を磨くことも認知症ケアでは欠かせないものになります。

　なお、面接援助技術はケアマネジャーにとってとても重要な技術になるので、本シリーズの『面接援助技術』（高落敬子著）を熟読することをおすすめします。

実際の面接場面

　認知症の人とのコミュニケーションにおいては、必ずバイスティックの7原則を守り、そのうえで特に「非言語」を主体として「準言語」「言語」のコミュニケーション技法を使用していくことになります。

　実際にケアマネジャーとして認知症の人のケースを持つ場合、他の疾患をもっていたり、認知症の進行や症状も人それぞれです。つまり個々の状況に応じたかかわり方が必要になります。比較的言語コミュニケーションが可能な人もいれば、タッチングも含めた非言語的コミュニケーションが主体になる人もいるでしょう。しかし、基本的な面接援助技法がわかっていれば、認知症状のさまざまな状況にある人に応用できるのです。コミュニケーションがどのような形にせよ成立することで、信頼関係の構築へとつながっていくのです。

- 認知症の人が理解しやすいように、本人の状態に応じてコミュニケーション法を変えていきましょう。
- 事前情報で面接を円滑にすすめつつも、固定観念を持たないようにしましょう。
- 「本人が理解できること」「本人の思いを出せるようにすること」を目指しましょう。
- コミュニケーションの始まりは、まずは聴くことから。傾聴力を磨きましょう。

メラビアンの法則

COLUMN 6 認知症の人とのコミュニケーションとアプローチ法

人の第1印象は、視覚からの情報が55%、聴覚からの情報が38%、言葉の意味が7%であるというメラビアンの法則があります。言葉の内容からの情報ではなく、視覚からの情報が半分以上なのです。認知機能が障がいを受けている認知症の人はなおさら言葉での情報収集は難しく、逆に言えば視覚情報をしっかりと伝えれば理解してもらえる可能性があがるのです。

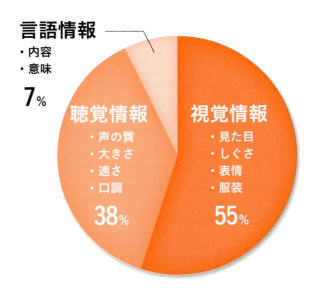

03 | 認知症の人の視点に立つためのアプローチ❶
二次元的思考法：ひもときシート

> **POINT**
> 「ひもときシート」を活用して、
> 援助者中心の視点から
> 本人中心の視点に転換していきます。

　第5章03で紹介したパーソンセンタードケアでは、認知症の人の視点に立つことがケアマネジメントを行ううえで重要であると書きました。

　しかし、人はみなパーソナリティーがあるため、自分でない他の人のことを理解することは難しく、さらに認知症の人となるとコミュニケーションが簡単に成立しないため、認知症の人の視点に立つということに困難さを感じてしまうのです。

　では、実際に認知症の人の視点に立つためには、どのようなアプローチをすればよいのでしょうか。ここではケアマネジャーが実践できる、いくつかのアプローチ法を紹介します。

情報を紙面にまとめ、思考展開につなげる

　認知症の人の視点に立つためには、やはり本人の思いや状況に接近するために、本人自身や本人を取り巻く状況についての正しい情報が必要になります。その情報を元に本人の思いに接近するための思考を、紙面を活用して展開していきます（二次元的思考法）。二次元でのまとめになりますが、ここでの情報収集と思考が後の立体的思考法（三次元、四次元的思考法：第6章05，06）へとつながっていきます。ここではまず、認知症の人を理解するための代表的なツールとして「ひもときシート」を紹介します。

03 認知症の人の視点に立つためのアプローチ❶ 二次元的思考法：ひもときシート

図表6-3 「ひもときシート」の構造

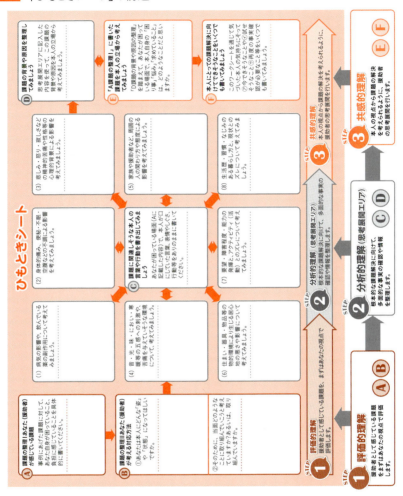

注：「ひもときシート」は認知症介護情報ネットワーク（DCnet）よりダウンロードできます。

出典：認知症介護研究・研修東京センター監修、大久保幸積・宮島渡代表編集『認知症ケアの視点が変わる「ひもときシート」活用ガイドブック』中央法規出版、2013年、21ページを一部改変

「ひもときシート」とは

「ひもときシート」（図表6-3）は、平成20年度より3年間にわたり厚生労働省からの委託を受けて認知症介護研究・研修センター（東京・仙台・大府）が実施した「認知症ケア高度化推進事業」のなかで考案されたものです。

認知症の人へのケアにどこからアプローチしたらよいのかわからない経験の浅いケアワーカーにとって、認知症ケアはからみあって容易にほぐすことができない紐のようであり、そこにストレスを感じるでしょう。そこで、認知症ケアの困難さという紐を解いていくためのものとして考案されたのが「ひもときシート」です。

「ひもときシート」は「パーソンセンタードケア」の理念を基本に作られており、課題や問題に関する思考を「援助者中心」から「本人中心」に転換していくことができるようになっています。

また「ひもときシート」に取り組んでいくうちに、思考の整理と考え方をチームとして共有できるようにもなっています。シート自体は1人でもチームでも書くことができ、ベテランワーカーが新人ワーカーに対して、パーソンセンタードケアを教授するうえでの教育的ツールとしても活用できます。

「ひもときシート」自体は入居系のケアワーカーを対象に作成された経緯があり、居宅のケアマネジャーには違和感があるかもしれません。しかし、このシートはケアマネジャーが実践すべき基本的機能を含んでおり、さらに汎用性があるので、その他の方式のアセスメント票との共用も可能ですし、シートの一部だけを使用することも可能です。居宅のケアマネジャーが活用しやすいようにある程度アレンジして使ってもよいでしょう。

「ひもときシート」の基本的流れ

「ひもときシート」は大きく3つのステップに分かれています。
「STEP1」は、援助者側の課題の確認を行う「評価的理解」のステップになります。私たちケア側から認知症の人に対して感じていること、思っていることを書いて自分の視点を確認します。認知症の人へのケアについて、今、自分が抱え

ている課題の状況を整理する領域になります。

「STEP2」は、8つの思考展開エリアで構成されている、特に重要な部分です。認知症の人の思いや状況に接近する「分析的理解」を行うステップになります。さまざまな視点や方向から認知症の人が表出するBPSDの原因・理由・背景を探り、認知症の人が置かれている心身の状況に接近していきます。シートのセンター部分Ⓒに書き込むのが、援助者側が困っている本人のBPSDなどで、そこから本人の背景にあるものや思いを探り、理解を深めていきます。「STEP2」は8つの角度から情報収集を行います。この情報収集は、確かな根拠を見つけ出し、その根拠に基づいた想像力を付加して行います。ケアマネジャーの「なんとなくこうではないか」という思いがあれば、それが正しいのかどうかを調べるのです。そのため、この「ひもときシート」だけでは総合的アセスメントにはならないということに留意してください。

「STEP3」は「STEP2」の思考展開エリアで見えてきた課題の背景と原因の整理を行う「共感的理解」のエリアになります。ケア側からの視点ではなく「認知症の本人の視点」のケアへと転換していく最終ステップになります。

このように、「ひもときシート」は私たちの視点から本人の視点への転換、つまり見方、捉え方の変更のためのツールなのです。本人理解のためにあるので、アセスメントの資料の1つではあっても、アセスメントツールそのものではないということを押さえておいてください。なお、「ひもときシート」はアセスメントに先んじて作成される位置づけになっていますが、居宅のケアマネジャーの場合は、認知症の人をより理解するためのアセスメントへの補強シートとして使用するのがよいでしょう。

先輩からのアドバイス

「ひもときシート」にはケアマネジャーが実践するべき機能がしっかりと含まれています。アセスメントを行ううえでの情報収集と分析が行え、かつアドボカシー機能にも入りやすくなっています。そして、ここから「本人視点で考えたケアマネジメントの組み立て」へとつながっていきます。

04 二次元的思考法：センター方式

認知症の人の視点に立つためのアプローチ❷

> **POINT**
> 認知症の人のための
> ケアマネジメントツールを活用して、
> 本人視点のケアに接近しよう。

「センター方式」とは

　認知症の人を理解し、本人の視点に立って考えるシートとして、「ひもときシート」と共に「センター方式」があります。この方式は仙台、東京、大府の3つの認知症介護研究・研修センターが共同で研究・開発したものです。
「センター方式」は、「共通の5つの視点」（図表6-4）を基盤に、5領域16枚のシートがあります。「ひもときシート」が思考の転換を中心にしているのに対し、「センター方式」はアセスメント領域が多岐に渡り、ケアマネジメントにおいて活用できるシートが豊富に用意されています。
「センター方式」は、本人と家族の声を大切にし、本人である「わたし」の視点に立って書き進め、本人がよりよく暮らすための課題とケアを見極める、という特徴があります。本人、家族、ケア職員、それぞれの声を大事にし、特に本人である「わたし」の視点で考えていくことは、パーソンセンタードケアの理念そのものと言えるでしょう。

認知症の人の視点に近づくために

　ケアマネジャーとして駆け出しであったり、あるいは「センター方式」そのものを知らないケアマネジャーにとっては、16枚もあるシートのどこから手をつけたらいいかわからないかもしれません。そこで、認知症の人の視点に近づくポイ

04 認知症の人の視点に立つためのアプローチ❷二次元的思考法：センター方式

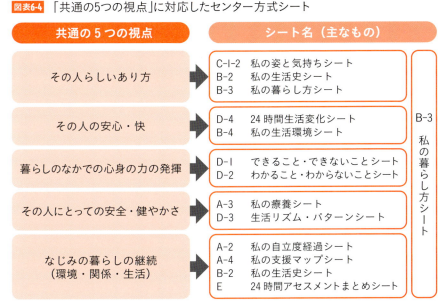

図表6-4 「共通の5つの視点」に対応したセンター方式シート

出典：認知症介護研究・研修東京・大府・仙台センター編集『三訂認知症のためのケアマネジメント センター方式の使い方・活かし方』中央法規出版、2011年、71ページ

ントになるシートを2つ簡単に紹介します。

B-2　暮らしの情報（私の生活史シート）

いわゆる本人のライフヒストリーやライフスタイルを書き込むシートですが、書き込むためには本人や家族からの情報収集が必要になります。そしてその情報をシートに落とし込むときには、本人の人生史、「物語」をつづるかのごとく書きこみます。今現在の本人の姿しか見えていなかったケアマネジャーが、その人なりの人生を知ることで、1人の人としての尊厳を感じ、全人的に本人の思いに接近することにつながります。

C-1-2　心身の情報（私の姿と気持ちシート）

認知症の研修でもよく使われているシートです。B-2とは反対で、今現在の本人の姿をしっかりと捉え、本人の現状の思いに接近し、本人視点になって、今の困り事などを明確化するためのシートです。

図表6-5 センター方式の活かし方

やれるケアプランで即実行、成功体験の連鎖をうみだし、みんなの喜びと自信につなげていこう

① 利用者本位にアセスメントとケアプランを展開する共通道具として活かそう
- ★新規の事業者ユニットでは、始めから取り入れて活用していこう。
- ★既存のツールを使っているところでは補強シートとして取り入れていこう。

② 本人や家族とのコミュニケーションや情報交換のための道具として使おう
- ★本人や家族の見落とされやすい力や希望を引き出すための道具として使おう。
- ★家族からシートを通してケア関係者(ケアマネジャーやケア担当者)に伝えてもらおう。
- ★家族のほうからシートを使って、情報や要望をどんどん伝えていこう。

③ 日常の気づきや情報集約のための道具として使おう
- ★ケア関係者は、本人や家族とのふだんの会話のなかにシートの項目を盛り込んで情報を集めていこう。
- ★ケア関係者がシートを手元において、新たにつかんだ情報を追記していこう。
- ★必要なシートを記録や日誌代わりに使っていこう。

④ 他事業者との情報配信や会議に活かそう
- ★共通シートで効率的に情報を配信しよう。
- ★共通シートを活かしてケース担当者会議等を効率的に展開しよう。

⑤ 利用者が住み替える時は次の事業者に必ずバトンタッチをしていこう

⑥ これからの認知症ケアの視点と具体を実践的に学ぶ教育の道具として使おう
- ★新人研修で早速使ってみよう。
- ★現任者のケアの振り返りで使ってみよう。

⑦ 相談を受けたケースの問題解決や助言のために使おう

出典:認知症介護研究・研修東京・大府・仙台センター編集『三訂認知症のためのケアマネジメントセンター方式の使い方・活かし方』中央法規出版、2011年、76ページ

　この2つのシートだけでも、本人視点で考えるパーソンセンタードケアの理念に接近できるのです。慣れてきたら他のシートも活用してみましょう。

ケアマネジャーにとっての「センター方式」とは

　「センター方式」のねらいは、「認知症があっても、1人ひとりが最期まで尊厳を保ちながら、自分らしく暮らし続けられるよう、利用者本位のケアをケア関係者が共働して実践していくことを推進するための、統一的なケアマネジメント

注)「認知症の人のためのより良いケアマネジメントに向けて」(認知症介護研究・研修東京センターケアマネジメント推進室)

方法」注)となっています。

　ケアマネジメント方法と書かれているように、ケアマネジャーが軸となって、本人、家族だけでなく、本人を取り巻く多くのケア関係者が共働して展開していく、「認知症の人のためのケアマネジメントツール」なのです。

　そして、たんにケアマネジメントのためだけではなく、図表6-5のように多くの活用法があることも特徴です。特にケアマネジャーとしては、継続的でかつ多くの関係者との連携が大切で、ケアプランはチームみんなで作るものという考えに合致します。

　「センター方式」は16枚のシートがありますが、一度にすべてのシートを記入する必要はなく、まずは記入できるところから埋めていきます。シートの多さに尻込みせず、必要なもの、記入できるものから活用していけばよいのです。そして記入したシートはアセスメントツールの1つとして活用できるのです。

　なお、「ひもときシート」「センター方式」とも、記入シートは「認知症介護情報ネットワーク（DCnet）」よりダウンロードできますし、中央法規出版から書籍が発行されています。

まとめ

センター方式は、本人である「わたし」の視点で考えていきます。センター方式を活用して、多くの連携を行い、ケアプランをチームとして作っていきます。全人的に本人を把握していくシートと現状の困りごとを把握していくシートを上手にケアプラン作成に活用しましょう。

05 | 認知症の人の視点に立つためのアプローチ❸
三次元的思考法

> **POINT**
> 客観的に見ることで、認知症の人の理解と
> ケアマネジャー自身の行動に
> 新たな発見があります。

「ひもときシート」や「センター方式」は、シートという紙面ツールを使って、さまざまな情報を集め、それらの情報を元に認知症の人の思いに接近するアプローチ法です。集めた情報から本人の思いを想定し、その想定からケアマネジメントを行っていくことができます。しかし、客観的視点からその想定が正しいのかどうかを補完する必要があります。

二次元的な紙面ツールから離れ、実践場面において本人を取り巻くすべての周辺環境を立体的に見聞きし、客観的判断を行っていく三次元的思考法を紹介します。

客観的視点から本人の思いに接近する

本人の思いを一歩引いた位置から見ると、どのように見えるのでしょうか。その位置から見ることで、本人の思いの理解にさらに接近できるかもしれません。

そこで「客観的な視点」での確認を行ってみてください。この場合、自らが第三者の視点になる場合と、自らの行動を第三者に見てもらう場合との二つの視点があります。

自らが第三者の視点になるということは、認知症の人の生活や行動について一歩引いた所から気づきの観察を行うということです。気づきの観察とは、冷徹な観察者というより、本人の1つひとつの行動から、本人の心や思いを汲み取ることです。しかし実際には、ケアマネジャーは1人で行動することが多く、本人の

05 認知症の人の視点に立つためのアプローチ❸三次元的思考法

＊客観的に本人を見つめ直すと違う一面に気付くことがある。

　生活の客観的観察行動は難しいでしょう。そのため、ヘルパー利用時やデイサービス利用時にご自宅や施設に行き、自分の頭の中のこれまでの情報や観念を横に置き、客観的に本人を見つめます。そのとき、気づいたことをすぐに書き込めるようにノートを用意しておきます。

　このように少し引いた所から本人を見つめることにより、卓上のツールからの想定からでは見えてこなかった本人の思いを感じ取ることができるかもしれません。また、この客観的視点からわかったことを、「ひもときシート」や「センター方式」にあらためて落とし込んでいくのもいいでしょう。

　実際の生活ではないものの、デイサービスで過ごしているときの本人の姿を見ることもぜひ行ってください。新たなる発見があるかもしれません。

ケアマネジャーの行動を見直せる第三者の視点

　「自らの行動を第三者に見てもらう」というのは、ケアマネジャーの判断行動が、

客観的な視点からどう見えるのかを確認するということになります。「センター方式」は、「わたし」（本人）の視点で考えてシートに書き込むことになっていますが、私たちは簡単には他人の「わたし」にはなれないのです。そのため、「わたしになったつもり」になっていないか、あるいはチームで動いている場合、いつしかチームメンバーが「主観的な同じ考え」になっていないか、チームとしての行動も、客観的視点で見てもらえる第三者の視点が必要なのです。

　具体的には、先輩ケアマネジャーやスーパーバイザー的な立場の人に同行訪問を頼み、客観的に本人の様子を観察してもらうのと同時に、ケアマネジャー自身（あなた自身）についても観察してもらいます。これはケアマネジャーの表情・言動そのものが、本人に影響を与えているのではないかというチェック機能の意味合いが強いものです。

　例えばいつも余裕のない表情で認知症の人に接していると、認知症の人も表情がこわばるといったことが、第三者の観察でわかります。頼りにしたいと思っているケアマネジャーの表情や言動が安心感を得られないものならば、当然認知症の人の表情も不安になります。また、チームで動いている場合は、サービス担当者会議などにスーパーバイザーに入ってもらうのもよいでしょう。「チームで一丸」の危険なところはみんなが主観的になってしまうかもしれないという点です。客観的に見られる立場の人が入ることで、こうしたことに気付くことができます。

　特に新人の頃は、自分の行動を客観的にみてもらうことは大切ですし、慣れてきた頃も主観的な動きになっていないかチェックしてもらいましょう。

まとめ

客観的視点から本人の一つひとつの行動を見て、本人の心や思いを汲み取りましょう。私たち（ケアマネジャー）の行動そのものが、認知症の人に影響を与えている場合もあります。第三者に客観的に見てもらうことは、ケアマネジャーの成長にもつながりますし、本人理解のための情報にもなります。

～認知症ケアマッピング（DCM）～　COLUMN 6

　DCMは、パーソンセンタードケアの理念を実践するために考案された評価ツールです。認知症の人の視点に立ち、ケアの質を評価することで、ケア現場の質の向上を目指します。実施にはマッパーと呼ばれる研修を受けた人が、ケアの現場で観察・評価し、その結果を介護現場にフィードバックしていきます。いわゆる第三者的視点を学術的にした観察評価表と言えます。

　主に入居系施設の職員を対象に考案されていますが、マッパーが全国各地にいるので、協力を得ながら、在宅分野での活用も考えてみてはどうでしょうか。

　詳細については、認知症介護情報ネットワーク（DCnet）を見てください。

バリデーション　COLUMN

　認知症の人のコミュニケーション法として紹介されているものに『バリデーション』（ナオミ・フェイル著、藤沢嘉勝他訳、筒井書房、2001年）があります。「バリデーション」での主要な技法に「アイコンタクト」「リフレージング（繰り返し）」「ミラーリング」「カリブレーション（共感）」「タッチング」などがあります。基本はバイスティックの7つの原則にあり、コミュニケーション技法をケアワーカー等のために応用しているものです。

　しかし、ケアマネジャーの場合、常時認知症の人とかかわるケアワーカーとは違います。面接援助技術を磨き、認知症の人の思いに接近し、ニーズをどうやって見つけ出して、あるいは引き出して、ケアマネジメントにつなげるかということにまずは力点を置きましょう。そのうえでケアワーク技術も深めていきます。面接援助技術を身につけておけば、認知症の人へのケアワークにも入りやすくなります。

06 四次元的思考法：認知症の人になりきる

認知症の人の視点に立つためのアプローチ❹

> **POINT**
> 認知症の人をより深く理解するために、認知症の人から私たちがどう見えるのかを知ることも大切です。認知症の人になりきり、思いを追体験してみましょう。

　紙面を通じての情報収集や思考展開（二次元的思考法）、さらには客観的視点を通じて認知症の人の視点に立つためのアプローチ（三次元的思考法）を紹介してきました。最後に紹介する四次元的思考法とは時空を超えて認知症の人になりきるというアプローチ法です。

「認知症の人視点」に立った支援

　私たちが真に認知症の人の思いに接近し、本人本位のケアマネジメントを行うためには、「認知症の人のための」という私たち視点からではなく、「認知症の人から見たケアマネジメント（ケアマネジャー）」という感覚を持つことが大切です。つまり、「ケアマネ視点」から考えるのではなく、「認知症の人視点」から考えるのです。

　認知症の人の視点に立つためには、現在の本人の姿を見るだけでなく、今につながる過去の暮らしの情報を知ることがとても大切です。そのためのツールとして04で紹介した「センター方式」の「B　暮らしの情報」の各シートが役立ちますので、活用してください。

　過去を知り、現在の姿を見て、未来へのケアマネジメントを行う。こうして、時空を超えて本人にアプローチすることが、「認知症の人視点」に立つために欠かせないことなのです。

06 認知症の人の視点に立つためのアプローチ❹四次元的思考法:認知症の人になりきる

認知症の人から私たちはどう見えているのかを意識する

　長谷川和夫先生はその著書にこのように書かれています。「認知症の人は、認知障がいのために健常者では体験しないような著しい不安感や孤独感に苦しむことがあります。また、私たちの考えとはまったく異なった思いをもって暮らしているといった状況があります。ケアをする場合には、認知症の人から私たちがどう見えるのか、この環境がどのようにとらえられているのかを想像する力が大切です。」注)　まさしく、このことを実践するのです。

　相手の立場に立って考えるというと、ついその人自身を思い浮かべてしまいます。「センター方式」のC-1-2シートでも、認知症の人の姿を思い浮かべて、その人の絵を書き込み、今の本人の困りごとに迫っていきます。

　しかしここでのポイントは、見えているのは認知症の人ではなく、あなた自身だということです。つまり本人から見えているケアマネジャーであるあなた自身の姿を想像してみるということになります。

注) 長谷川和夫『認知症ケアの心』中央法規出版、2010年、51ページ

認知症の人から見たあなたは、笑顔ですか？　それとも緊張した顔をしていますか？　真剣に話を聴いてくれそうな人ですか？　安心できる人ですか？　信頼してもよさそうな人ですか？　それとも信頼できそうにはない人ですか？　さらに周囲の状況はどうですか？　不快なこと、不安にさせることはないですか？　生活の何に困り、何がわからないですか？

　とにかく認知症の人自身になりきり、認知症の人の思いを追体験するのです。

　そのためには、その人自身になりきることが必要です。実際に認知症の人がいる生活環境で、いつもその人が見ているもの、聞いているもの、感じていることを、五感を働かせて考えてみるのです。

　例えば、いつも本人が座っているところに座って見えるもの、感じるものを実際に体験してみます。いつも歩いている場所では何を感じ、何を求めているのか。パーソンセンタードケアの「認知症の人々の主な心理的ニーズ」（125ページ）も参考にしながら、その求めているものを探ってみましょう。

　つまり、私たちから見て考えた認知症の人ではなくて、認知症の人から私たちが、そして周囲がどう見えているのか、感じているのかを考え、そのことから困っていること、求めているものを抽出し、どのような支援が必要で、どのようなことがあればまだまだ生活が頑張れるのかをあぶりだしていくのです。

　もちろん、これまで集めた情報で、この認知症の人自身の追体験を補完していくことも忘れないでください。

まとめ

これらの認知症の人の思いに接近するアプローチで大切なのは、気づきの力や感性だけでなく、それを根拠づける情報と、その情報の分析も必要ということになります。
すべては認知症の人の理解につながっていくということなのです。

気づきノートを活用して、認知症の人の思いに接近する

COLUMN 6

　ケアマネジャーは実際にその業務を始めると、訪問や記録に追われ、なかなか「ひもときシート」や「センター方式」に取り掛かれないということがあるかもしれません。そのような場合は、「気づきノート」を作成してみましょう。

　ノートに直接書き込むのではなく、付箋を活用します。どんなことでもいいので、気づいたこと感じたことをまず付箋に書き込み、ノートに貼り付けておきます。付箋がある程度溜まったら、その付箋を本人の現状把握やBPSDの原因につながるもの、本人の気持ちに近づいたものなどに分類して整理しましょう。気づき（付箋）の積み重ねが、本人視点に立ったアセスメントにつながっていくでしょう。

　同様にロジカルシンキングを働かした樹木図の作成なども、認知症の人の思いからスタートしたケアプラン作成につながります。いずれにしても、認知症の人の思いに接近するアプローチを行うことが、認知症の人のケアマネジメントにおいては外すことのできない手順であることを忘れないようにしてください。

認知症の人視点の
ケアマネジメント

7

CONTENTS

01 事前情報の収集ととらえ方
02 インテークの基本―面接時の基本姿勢
03 アセスメントの基本視点
04 アセスメントを深める
05 ケアプラン作成のポイント
06 認知症の人が主役のサービス担当者会議
07 モニタリングと再アセスメント

01 事前情報の収集ととらえ方

> **POINT**
> ケアマネジメントの主体は、
> あくまでも認知症の人自身にある
> ということを忘れないでください。

　認知症の人のケアマネジメントは、通常のケアマネジメント業務の流れと基本的には変わりません。インテークから始まり、アセスメントを実施し、ケアプラン原案を作成し、サービス担当者会議を経てケアプランの実行へとつながっていき、サービス実施後も、モニタリングや再アセスメントを行っていく過程は変わりません。

　ただし、認知症の人のケアマネジメントは、それぞれの過程で注意すべき点が多々あります。そこで順を追って説明を行いますが、常に念頭においてほしいことがあります。それは第6章**06**で書いたように「認知症の人のためのケアマネジメント」という意識から一歩進めて、「認知症の人視点のケアマネジメント」を考えていくということです。主体はケアプランを作成するケアマネジャーではなく、あくまでも認知症の人自身にあるということです。前章の認知症の人の視点に立つためのアプローチを振り返りながら、ケアマネジメントの過程を確認していきましょう。

事前情報は大切だが左右されないように

　実際に本人や家族と面談する前に、ケアマネジャーには家族や病院、地域包括支援センターなどから、本人の事前情報が入るでしょう。それはそれで大切な情報なのですが、特に認知症の人の場合、その人のBPSDが強調されて情報が入ってくることが多いといえます。伝える側にとっては「大変なところ」をしっかり

01 事前情報の収集ととらえ方

と伝えておかなければならないという思いと、伝達者自身に「認知症の人は大変な人」というような考え方が含まれているかもしれません。確かに認知症の人の情報としてはBPSDの状況を確認することは大切ですが、そのことだけにとらわれずに、1人の生活者として、生活全般の状況を確認することが必要です。

事前情報はあくまでも最初は参考としつつ、実際の面接のなかでしっかりと自分自身で確認しましょう。その後に事前情報を再確認してもいいのです。

特にBPSDの情報は、インテーク前のケアマネジャーの心の中に潜在的に「認知症の困った人」という意識が植え付けられてしまう可能性があります。気をつけなければならないところになります。

まとめ

事前情報は大切ですが、その情報で先入観を作らないように自分の目と耳で確かめましょう。

02 インテークの基本
―面接時の基本姿勢

> **POINT**
> 初めての人との面談は誰でも緊張します。
> 認知症の人から見て、好意的な人物という
> 印象が残るように心がけましょう。

「インテーク」はもっとも重要なはじめの一歩

　ケアマネジャーが面接する認知症の人の状況は多岐多様です。大きく分けると家族と同居しているか、独居生活になりますが、いずれにしてもインテークは誰にとっても「初めての人との面談」になりますから、緊張感から始まることになります。特に認知症の人は、突然やってきたこの人は何者なのかという不安や警戒心でいっぱいといえます。家族はわかっているとしても、本人にはケアマネジャーと紹介されても、この時点では正体不明の要警戒人物でしかないのです。ここで認知症の人から見て、自分にとって好意的な人物か、警戒すべき人物なのか、どちらの印象が残るのかで、後のケアマネジメントの成否を左右してしまうともいえる重要なプロセスです。

　初回はケアマネジャーも緊張するところですが、緊張した顔は、緊張している相手をさらに緊張させてしまいます。認知症の人には「笑顔・温かいまなざし・やさしい言葉」を、はじめましてのご挨拶のメッセージとして送りましょう。この3つのメッセージは緊張をときほぐす特効薬になります。また気をつけなければならないのは、「認知症で理解できない困った人」という先入観が、自分でも気づかないうちに見下したような態度に出てしまうことです。ケアマネジャーには自覚がなくても、認知症の人は敏感に感じ取るところなのです。不安でいっぱいなだけに、自分がどう思われているのかということに敏感になっているのです。大事なインテークですので、ごく普通にかかわるようにしましょう。

02 インテークの基本

図表7-1 認知症の人とかかわるケアマネジャーの面接時の心得

ケアマネジャーの心得	その理由
笑顔は常に必携。「笑顔・温かいまなざし・やさしい言葉」を忘れないようにしましょう。	ケアマネジャーに笑顔がないと、信頼感にはつながりません。
話を聴くときは真剣に。	笑顔が大切でも、苦しみ不安を訴えるときは真剣に聞いてほしいと思っています。
コミュニケーション技法を駆使します。（うなずき、繰り返し、要約など）バイスティックの7原則はベースになります。	うなずかれたり、伝えたことを確かめられるように反復されると、聴いてもらっていると感じられます。（第6章01参照）
ケアマネジャーから先に話を始めずに、最初はしっかりと本人の話を聴きます。	何かを本人が伝えようと一生懸命思っていても、ケアマネジャーから先に話されると、伝える内容がわからなくなったりします。自分の話を聴いてもらえないと、信頼関係の構築は難しくなります。
訪問時はその後に別の訪問の約束を入れないようにします。時間が気になると、ケアマネジャー主体になってしまいます。	1つひとつの言葉の解釈に時間がかかるため、ケアマネジャーが焦っているのを感じてしまうと、伝えたいことがあっても伝えたくなくなりますし、話の理解もできなくなりつらくなります。
ゆっくりと繰り返し話しかけます。準言語、非言語を活用しましょう。	1つひとつの言葉の理解に時間がかかりますし、なかなか記憶もできないのです。（第6章02参照）
情報はしっかりと伝えます。「言ってもわからないから」と思うと、いつの間にか認知症の人を見下す態度に繋がります。	どこへ行くのか、どうなるのか、何もわからないままだと不安が増幅します。少しでも理解できる情報があると安心します。
人として嘘やごまかしは情けない行動だと思うことです。やむをえない場合も、それが正しいやり方ではないと自覚することです。パーソンセンタードケアを再確認してください。	嘘をつかれてもわからないなんてことはありません。ケアマネジャーの言葉の端々から、本人の感情はそれが嘘だということに気づいています。その相手を決して信頼しようとはしないでしょう。
自分の態度対応は、そのまま鏡に反射するように、自分に返ってきます。	ケアマネジャーに笑顔があれば、本人にも安心の笑顔が浮かびます。
信頼関係が築けて来たら、できるだけ快活に会話を楽しみましょう。ただし本人の話の内容やテンポには合わせましょう。	話を弾ませるには、快活な楽しい雰囲気のほうが、言葉も出やすくなります。
ゆっくり話を聴くのは大切ですが、面談が長くなりすぎないように気を付けます。ここぞというときには集中してかかわります。	話が長くなりすぎると本人は疲れてしまいます。しかし、今ここでしっかりと聴いてほしい、対応してほしいというときがあります。そのときは集中して話を聴いてください。
たんにコミュニケーションの技法を使って話しあうだけでなく、本人の言葉の意味や背景などを「考えながら」聴くことが大事です。そして気づいたことは本人にフィードバックします。	自分の思いをうまく伝えられないもどかしさ。その思いをケアマネジャーが少しでも汲んでもらえると、やはりうれしいのです。
目の前にいる認知症の人のために、今のこの時間に集中します。	ケアマネジャーからすれば、多くの利用者のなかの1人ですが、認知症の本人からすれば、ケアマネジャーは唯一頼れる存在なのです。

本人が主体であることを忘れない

　家族との同居の場合、本人の前で家族があれやこれやと話し出すことがあるかもしれません。この場合、別室で話を聴くなど本人への配慮を行ってください。それが難しければ、家族の話だけ事業所で聴くなど、場所の設定を行います。

　家族は伝えたいことが鬱積しています。訪問があるということで、あれこれ話すことを考えていたかもしれません。インテークの段階では、伝えたいことが伝えられなかったというような不満が家族に残らないようにしてください。つまり、ケアマネジャー側は自分のことを先んじてしゃべらないということです。そして、そもそもの主体は認知症の本人なので、家族の話が主体で本人は蚊帳の外にならないように気をつけましょう。

　独居の方のなかには、かなりのごみ屋敷や害虫が多くいる部屋で過ごしている人も多く、その状況に気が引けることもあるかもしれません。それでもそこは踏ん張って「笑顔・温かいまなざし・やさしい言葉」です。

　家の中に入れてくれない方もいます。この場合、出だしからケアマネジャーはつまずいてしまうことになります。警戒心を持たれるのは当然で、家の中を見られたくないという思いもあるでしょう。その場合は無理して家の中まで入る必要はなく、まずは玄関口でもかまいません。もし民生委員や町会長など、本人の知り合いがいるのなら同行訪問してもらうと警戒心も和らぐでしょう。要は焦って事を進めようとしないことです。何度かの訪問で印象付けてもらえれば、玄関の扉は開くでしょう。

　なお、認知症の人との面接の心得について図7-1にまとめましたのでセルフチェックに使うつもりで確認してください。あわせてインテークについては、本シリーズの『面接援助技術』（高落敬子著）第4章に詳しく書かれていますので、参考にしてください。

- インテークでは特に「笑顔・温かいまなざし・やさしい言葉」を忘れずに実行してください。
- 家族の話はしっかりと聴きます。しかし主体は本人なので蚊帳の外にならないよう気をつけてください。

本人・家族と信頼関係を築くには COLUMN

　ケアマネジャーが特に困るケースとして、独居、家族同居に限らず「サービス拒否」があります。特に認知症の人の場合は、新しいことを始めることに不安がつきまといます。サービスの意味が理解できない場合もあるでしょう。ケアマネジャーの視点からすると、明らかにサービスを利用したほうが本人にとって良いと思っていても、なかなか話を聞いてくれないためにプランが頓挫してしまうこともよくあります。

　このような場合、どうやってその閉塞状況を打破したのか、複数のケアマネジャーに聞いてみました。答えはみな同じ「足しげく通って、信頼関係を構築して機会を待つ」でした。この一言に尽きるようです。

03 アセスメントの基本視点

POINT
丁寧なアセスメントを心掛け、本人・家族と信頼関係を構築していきましょう。

アセスメントを通じて信頼関係の基礎づくりを行う

　ケアマネジャーはアセスメント（課題分析）を行うことによって、その人の解決すべきニーズを明らかにしていきますが、アセスメントはケアプラン作成に向けて情報収集することだけが目的ではなく、アセスメントを通じて本人や家族との信頼関係を築き上げていくという、もう1つの大きな目的があります。つまりインテークから始まったアセスメントのための本人や家族との面接を通じて、「安心して任せていける人」という信頼関係を着実に作り上げていかなければならないのです。ここはとても重要なところです。質問項目を淡々と本人や家族から聞き取るだけでは絶対に信頼関係は構築できません。それだけに、第5章の認知症ケアの基本姿勢を忘れずに、面接援助技術も活用して本人や家族とともに考えていく姿勢を心掛けてください。特に本人とは認知症の進行状況にかかわらず、しっかりと会話の時間を持つようにしてください。

基本項目をしっかりと確認する

　アセスメントでは、23項目の課題分析標準項目に沿った聞き取りを必ず行うことになっています。その際にはできるだけ具体的に聞いたり確認したりすることが必要になります。たんに「夜は眠れていますか?」だけでなく、「何時頃から、何時間くらい寝ていますか?」など、ある程度の目安が答えられるよう聞いてみて

03 アセスメントの基本視点

図表7-2 ICF（国際生活機能分類）を基盤にした認知症の人のアセスメント

健康状態、心身機能・構造

- 医師の診断や意見、疾患状況から確認していきます。
- 課題分析標準項目とも重なる点が多いです。
- 疾患別の特徴もアセスメントします。
（例えばレビー小体型認知症の特徴など）

活動

- 課題分析標準項目と重なる点が多いです。認知機能低下によるものと、そうでないもの（身体的障がい等）とを明確にしてください。
- 生活上のできないこと（例えば、排せつ、整容、自力不可など）を確認します。
- 生活上のしていること、できること（例えば、排せつ、整容、自力など）を確認します。
- 環境因子と相まって、生活場面での観察（第7章04参照）も行います。この項目は細かな観察が多いところですが、しっかりと確認してください。

参加

- 仕事や役割等でできなくなった、やれなくなったこと。ライフヒストリーも関与します。
- まだ参加できること、やれることを確認します。

環境因子

- 人的環境の影響を見ます。影響は悪影響と良い影響とどちらも確認します。特に介護者との状況はどうか、サービスが開始されたら事業所の人的環境も確認します。ケアマネジャー自身の影響も大きいことを自覚します。
- 人以外のすべての環境もチェックし、悪影響と良い影響とどちらも確認します。住環境の良し悪しもしっかりと見ます。

個人因子

- 本人の個性を確認します。ただし、それを課題とするのではありません。あくまでも認知症への影響としてとらえます。
- 本人が好むライフスタイルや価値観なども確認し、尊重します。

＊ICFの概念をベースにしたもので、そのものではありません。
＊なお、これだけでは認知症の人の視点に近づくには至らないので、認知症の人の理解や望みを追求する「ひもときシート」や「センター方式」を合わせて実施することで、認知症の人の視点に接近することができます。これらのツールにも上記の確認項目が多く含まれています。

ください。

　また、ICF（国際生活機能分類）の視点からの確認も行いましょう（図表7-2）。生活機能において制限や阻害されているところがないか、あるいは活かせるところはないかなども確認していきます。

　このように生活機能上の課題をしっかりと確認しなければならないのは、解決すべき課題の抽出という目的と共に、認知症の人の場合、BPSDとの関連性が浮かび上がってくるからなのです。

　つまりBPSD発症の原因・理由・背景につながるものが、生活機能を発揮するうえでの阻害要因と関係していることがあるからです。例えば、先ほどの睡眠に関しても、満足な睡眠が得られていなければ、BPSD要因の1つとも考えられるのです。そのため、なぜ睡眠がとれないのかという原因も探っていくのです。逆にBPSD軽減のための方法も、残存能力や活かせる部分がわかれば、そこからヒントが得られるかもしれません。

認知症の原因疾患を理解したうえでアセスメントを行う

　たんに認知症といっても、認知症の原因疾患によってその人の状況も変わってきます。アルツハイマー型認知症とレビー小体型認知症では、症状も日常生活の状況も違います。つまり原因疾患によってアセスメント領域に変化が生じるということになります。さらに深く考えると、例えばアルツハイマー型認知症の場合、初期、中期、後期によっても状況が変わります（第1章03参照）。日常生活上の支障への支援が必要になる初期と中期、そして身体的な保全が重要になる後期とでは、当然アセスメント領域も大きく変わってきますし、家族のニーズも違ったものになります（第8章01参照）。

　同様に他の疾患においても、その疾患なりの特徴があるので、その疾患の特徴に合わせたアセスメントを行ってください。もう一度第1章を読み直して、アセスメントの内容を検討してみましょう。

「確定診断」の重要性

　ここで重要になるのが「確定診断」です。認知症の確定診断はアセスメントをするうえでもとても重要なものになってきます。ケアの体制にも影響するので、認知症の専門医による確かな診断を求めましょう。第2章、第3章を振り返ってください。ちなみに受診以降もケアと治療は両輪になりますので、医師との連携の継続は必須です。

> **まとめ**
> - アセスメントはたんなる情報収集ではなく、アセスメントを通じて、本人や家族との信頼関係を築き上げていきます。
> - 生活上の課題を確認するなかで、BPSDにつながる原因・理由・背景がみえてきます。
> - 認知症の疾患によって、アセスメントも変わります。正確な診断のもとでアセスメントしましょう。

04 アセスメントを深める

> **POINT**
> アセスメントはさまざまな角度から行なわなければなりません。
> また、1回で終わるものではなく、再アセスメントは必須です。

　認知症の人の生活上の困りごとを明確にしていくことは、これまでの「ひもときシート」や「センター方式」からも抽出されていますが、もう少し深く掘り下げるために、認知症による生活の不適応につながる重要なアセスメントのポイントについて考えていきましょう。

アセスメントとは

　「アセスメントとは、情報の収集、その情報からの課題の抽出、専門的な見地からの課題の分析という一連の流れのことをいいます[注]。」

　アセスメントでは、基本情報や「課題分析項目」について確認していきますが、認知症の人の場合、その症状から「自分自身の個性を含めたすべての周辺環境の影響を多大に受ける状況にある」といえます。そのため、通常のアセスメントシートだけでなく、認知症の人を理解するためのシートも併用し、課題抽出の理由を根拠立てていきます。そして認知症の人がどのような希望や意志を持っているかを明らかにしていくのです。

注　今田義昭「アセスメント・スキル成長の3ステップ」『ケアマネジャー』第20巻第3号、2018年、12ページ

04 アセスメントを深める

「人」による認知症の人への環境面の影響を確認する

　人はその生活において、あらゆる環境の影響を受けているといえます。特に認知症の人の場合、第1章01に書かれているように、認知機能の低下による混乱があるなかで、ちょっとしたことでも周囲の人の影響を受けやすい状況にあります。混乱に拍車をかけるような人の影響はないか、逆に活かせる人間関係はないかなど、ケアマネジャーはアセスメントを行うなかで、あらゆる人間関係のなかに入って確認することになります。

　家族と同居の場合でも、実にさまざまな人間関係がありますし、認知症を悪化させている要因がその家族にあるかもしれません。また、家族にもそれなりの思いもあるでしょう。独居の方であっても、多かれ少なかれ本人にかかわっている人たちがいます。人による本人への影響はまさしく複雑多岐と言えます。

　アセスメントでは、それぞれの人の思いを聴き、状況確認を行うなかで、その思いに流されることがないよう冷静に情報を分析していくことが必要になります。人間関係が複雑な場合は、整理するうえでエコマップやジェノグラム、ソシオグラムを作成してみるのもいいでしょう。

　なお、ケアマネジャーがかかわり始めたときから、認知症の人にとってはそのケアマネジャーも人的環境要因の1人になります。それも今後の本人の人生を大

図表7-3 利用者の部屋はアセスメントの宝の山

　特に独居の認知症の人の部屋に訪問した場合のチェックポイントについて、いくつかリストアップします。身体機能、精神機能の状況確認の指標にもなります。

チェック項目	チェックポイント
服装	気候に合った服装か、ずっと同じものを着ているか、汚れていないか。
部屋の片づけ具合	整頓されているか散乱しているか。
卓上	散らかっているか、古い食べ物とかがないか。
台所	流し台の上の状況はどうか。食器の状態はどうか。
冷蔵庫の中	コンビニ弁当が詰まっていたり、冷蔵庫に入れないものが入っていたりしていないか。なお、冷蔵庫は信頼関係ができてから開けること。
電子レンジ	使えていそうか？　中に腐った物がないか。
カーテン	開け閉めができているか。いつ行っても閉まっているなど。
臭い	尿臭、カビ臭などはないか。
足下	歩く場所は転倒の危険があるような状況ではないか。
写真・置物・作品等	本人の趣味や自慢なことなどの把握につながる。
郵便物	放置されている物のなかに、大切な書類が紛れていることがある。信頼関係ができれば一緒に確認する。
同じ物、何これ？品	同じ物がいくつも置いてあるか。どう見ても不似合いな物が置いてあるか。テレビショッピングなどで不要な物を買っている場合がある。詐欺の可能性も考える。
ペット	犬、猫の飼育状況はどうか。よくあるのは野良猫やハトに餌をやること。

　部屋が整然としていても、認知症の場合があります。自分には関係ないと思ったものはすべて捨ててしまう人もいます。まだまだチェックポイントはありますので、その方の状況に応じて確認してください。

　当然、これらの状況の背景もアセスメントしていきましょう。

きく左右するほどのものとして、ケアマネジャーのマネジメントが影響するのです。介護サービスの利用を始めると、その人にとっての最大の人的影響者がケアマネジャーやケアワーカーになる可能性が大きいということを忘れないでください。

「人」以外のすべての環境の影響を確認する

　人以外の環境全般も認知症の人に与える影響は多大です。認知機能の低下からおこる生活上の障がいがあるということは、私たちが思う以上に本人は不安を感じたり、混乱しているのだということを念頭において生活状況を確認してください。

　ちょっとした温度変化、明るさ暗さなどはもちろんのこと、生活している部屋の状況や本人が使えるもの使えないものなど、ありとあらゆるものに目を配らせ、本人との話以外にも生活場面での確認作業を行っていきます。

　特に独居者の場合は、これらの確認をよりいっそう丁寧に行う必要があります。最初の訪問だけではわからないこと、訪問を重ねるうちに確認できることもあります。前回の訪問時には気づかなかったけれど、2回目の訪問時に「これは大丈夫かな?」と思うところもあるのです。生活場面での不適応がBPSDにつながっていることも多分にあるといえるので、アセスメントはたんなる情報収集ではなく、課題への解決策がいっぱい見つけられる作業でもあるのです。

個人の特性を確認する

　人それぞれの個性も確認していきましょう。当然それぞれの人なりに個性があります。性格だけでなく、周囲とのつながりやすさや、人間関係のストレスへの耐性もみていかなければなりません。元々オープンな性格だったのか、逆に1人のほうが好きなのかなど、1人ひとりが個性豊かな存在ですが、その個性も周囲の影響にさらされます。ケアマネジャーはその人の性格のせいにするのではなく、その人らしさを大切にする視点も忘れないでください。

コーピングをみる

　ストレスを低減させるために行っている行動のことをコーピング（coping）といいます。聞き慣れない言葉かもしれませんが、普段から皆さんもやっている行動なのです。私たちはストレス低減のために、好きな音楽を聞いたり趣味に没頭したり、スポーツに打ち込んだり、旅行や買い物に行くなど、なんらかの楽しみをみつけてコーピングをしています。この行動を私たちは自分の意志で行うことが可能です。

　認知機能が低下した認知症の人も、混乱や不安に対するストレス軽減行動として、自分のできうる範囲でコーピング、つまりストレス低減のための行動を行っているともいえるのです。私たちから見てBPSDに見えることも、本人にとってはコーピング行動なのかもしれないのです。

　例えば、物をいっぱい集める行動を私たちは「収集癖がある」というレッテルを貼ってしまいます。しかし本人にとっては、いろいろな物を自分の身の回りにいっぱい集めることによる満足感を通じて、コーピングを行っているのかもしれません。外へ出ていくことも、もしかしたら本人にとってはコーピング行動なのかもしれないのです。

　このように私たちから見て「困った」と思う本人の行動は、認知機能の低下から生じる生活上のさまざまな困りごとによってたまったストレス低減を、本人なりにできる範囲で行っている行動ともいえるのです。

　ケアマネジャーはこれらのアセスメントを通じて、認知症の人の行動が意味するところをしっかりと分析していかなければならないのです。

アセスメントは統合化しケアプラン作成につなげる

　ここまで見ただけでもアセスメントはさまざまな角度から行われなければならないのと同時に、本人との信頼関係構築も行っていかなければならないので、ケアマネジャーにとってアセスメントはとても重要な意味合いを持ちます。しかしアセスメントは1回の訪問だけですべてがわかるものではないので、焦らずに行ってください。実際に介護サービスが始まってから見えてくるものもあるので、

再アセスメントは当然出てくるものと思ってください。第1章05のCOLUMNにもあるように、本人の状況は絶えず水位の上がり下がりがあるため、この前は見えなかったものも、今回は見えたり気づいたりするのです。

なお、数多くの情報はそれらを統合したうえで分析していかなければなりません。紙面上の整理が難しければ、情報を一度付箋に落とし込んで机に広げ、関連性のあるものをまとめていくという方法もあります。例えば「身体面（医療連携面）」「精神面」「人間関係面」「生活環境面」「活動支援面」などの項目別にしてアセスメントするとわかりやすいでしょう。

大切なことは、ある程度課題が見えてきたら、1つひとつの課題を本人の視点から考えてみるということです。ここで発揮するのが第6章にある認知症の人の視点に立って考えるためのアプローチになります。必ず本人視点への転換をはかってからケアプランの作成に向かいましょう。

まとめ

- ケアマネジャー自身も、認知症の人にとっての大きな環境要因になります。自らの振り返りも忘れないようにしましょう。
- 私たちが感じている以上に生活上の困りごとは多いのです。生活場面での確認を、時間をかけて行っていきましょう。
- 認知症の人の行動には必ず何らかの意味があります。アセスメントを通じてしっかりと分析していきましょう。
- アセスメントで得た情報は、本人視点に立って考えてからケアプラン作成に向かいましょう。

05 | ケアプラン作成のポイント

> **POINT**
> ケアプランはあくまでも
> 「本人はじめにありき」の原則で作成します。

　ここでは認知症の人のケアプラン作成のポイントについて説明します。居宅サービス計画書に沿って、認知症の人のケアプラン原案作成のポイントについて述べていきたいと思います。

本人はじめにありき～利用者及び家族の生活に対する意向～

　ここまで「認知症の人視点で考える」ということを詳しく説明してきましたが、それはケアプランを作成するときに活かさなければなりません。ケアマネジャーはケアプランの作成において、認知症の本人が何を望んでいるのかを明確にし、その根拠をアセスメントの結果から抽出していきます。つまり、認知症により意思疎通が難しい状況でも、ケアプランでは「本人はじめにありき」なのです。ケアプランは誰のためにあるかを、本人の意向と、それを裏付けるアセスメント（課題分析）の結果を明示することで、この後の認知症の人の思いを大切にした詳細プランへの道しるべとするのです。そのために第5章03でパーソンセンタードケアという基本姿勢を紹介しました。

　私たちは本人主体の原則を何度も見聞きし、自分でも実践していると思いがちですが、認知症の人のケアプランの場合、往々にして家族の意向が主体になることが多いのです。その理由は、本人との意思疎通の難しさと、家族介護の大変さを目の当たりにするためといえるでしょう。そうすると、どうしても家族の意向に流されがちです。

しかし、ケアプランはあくまでも「本人はじめにありき」の原則を忘れないでください。

家族の意向も併記する

では、家族の意向は無視していいのかというとそうではなく、家族の意向も当然明記しなければなりません。認知症の本人の意向をわかろうとするアプローチのなかで、当然家族の姿も見えてきます。家族の思いや状況、そして地域の状況も含めて勘案していかなければなりません。

認知症ケアでは本人と家族との食い違いが大きくなるかもしれません。それだけ家族は大変な思いをしているとも言えますし、現状の家族の介護力も推し量ることができます。

家族の思いも受け止めて、併記したケアプランでないと、家族はつらくなってしまいます。また併記することで、総合的な援助の方針がわかりやすくなります。家族支援については、第8章02も参照してください。

総合的な援助の方針

総合的な援助という言葉が示すように、ここでは具体的な援助内容というより、

どのような援助の方針で支援を行うのかという、サービスに参加するケアチーム全員が共有できる方針を書き込みます。当然パーソンセンタードケアを軸にした方針となります。

もちろん「本人はじめにありき」の方針ですが、本人を見つめれば当然家族へのアプローチも必要になるので、本人の意向の実現と共に、家族の介護負担の軽減なども含んだ総合的な援助の方針ということになります。

またアセスメントを通じて、できていることを伸ばす支援や、自立意欲を高めるための支援など、本人のストレングス（強み）を活かすことも援助の方針として盛り込みましょう。認知症の人の場合は、このようなポジティブな視点が見逃されやすいので、しっかりと意識して方針に織り込むようにしましょう。

生活全般の解決すべき課題

居宅サービス計画書第2表の「生活全般の解決すべき課題」は、本人のBPSD症状そのものではなく、そのBPSDを引き起こす原因・理由・背景が解決すべき課題になるということを忘れてはなりません。そうでないと、夜眠れないイコール眠剤、不穏イコール安定剤のように、すぐに薬だけに頼る安易な課題解決に結びついてしまいます。

「不穏」が生活上本来できることをできなくさせていたり、家族への負担になっているならば、その不穏を引き起こす原因・理由・背景そのものが解決すべき課題なのです（本人にとっては、不穏状態ではなく、安心した生活をおくりたいということがニーズになっている）。この点を外さないために、認知症ケアでは「ひもときシート」や「センター方式」などを活用して、本来の解決すべき課題が何なのかを押さえるようにします。

さらにBPSDだけでなく、多くは生活機能の障がいからくる生活そのものの阻害要因についても、アセスメントで明確になっているはずなので、課題としてリストアップしましょう。

さらに医療面からみた課題は必ず生活面に影響していますので、主治医との連携は課題解決において重要な要素であるということも押さえておいてください。

以降、課題解決のための適したサービスの導入や、長期目標、短期目標などを

書き込んでいきますが、目標はあくまでも本人にとっての目標であり、私たち側の目標ではないということも押さえておいてください。

なお、ケアプラン作成については、本シリーズの『ケアプランの書き方』(後藤佳苗著)に詳しく書かれていますので、参考にしてください。

> - 本人の意向の実現と共に、家族の介護負担の軽減なども含んだ総合的な援助の方針をたてます。
> - できていることを伸ばす支援や、自立意欲を高めるための支援なども援助の方針として盛り込みます。
> - 解決すべき課題は本人のBPSD症状そのものではなく、そのBPSDを引き起こす原因・理由・背景に課題があります。

まとめ

意思決定支援ガイドライン COLUMN

平成30年6月厚生労働省より「認知症の人の日常生活・社会生活における意思決定支援ガイドライン」が告示されました。これは認知症であっても自分の意思が表明でき、尊重されるために、認知症の人を支える人たち向けに意思決定支援の考え方や方法などを示すためのものです。そのために、❶本人が意思を形成することの支援(意思形成支援)、❷本人が意思を表明することの支援(意思表明支援)、❸本人が意思を実現するための支援(意思実現支援)などのプロセスが示されています。

ケアマネジャーはこのガイドラインを踏襲し、サービス担当者会議などでも活用が必要です(あくまでもガイドラインであり法令ではありません)。

06 認知症の人が主役のサービス担当者会議

> **POINT**
> サービス担当者会議の主役は本人です。
> 本人を支えるという視点をもって
> 変化していくニーズを関係者間で確認しましょう。

サービス担当者会議は認知症の本人が主役

　ケアプラン原案が作成され、サービス担当者会議を実施して、いよいよサービス開始の流れとなっていくのですが、このサービス担当者会議で改めて本人の意思の確認と、その本人の意思の共有化を図っていきます。つまり、サービス担当者会議には認知症の本人も参加するということです。ここではあえて「原則して参加」という言葉を外しています。

　しかし、読者のなかには「自分の意志を表現できない、あるいは会議の内容を理解できない認知症の人を参加させる意味があるのか？」という疑問を抱く人がいるかもしれません。

　では、「理解できないから」「コミュニケーションが取れないから」という理由で本人のための会議なのに、本人を参加させないというのは、どうなのでしょうか？　これまでの章を振り返りながらよく考えてみましょう。大切なのは、「理解できない」「コミュニケーションが取れない」ということではないのです。1人の人として尊重することを忘れないでください。

　さらに本人が自らの認知症を認識しているかどうかということにも関係しますが、できたら症状名を出すよりは、認知機能や身体機能の低下などの事実部分を伝えるほうがいいでしょう。

　認知症の人がうまく答えられなくても、しっかりと意思の確認を行います。本人が意思をうまく伝えられない場合は、ケアマネジャーが本人の代弁者の役割を

担います。認知症の人だからケア側主体で考えるという姿勢ではなく、アセスメントの結果を根拠として、本人の意思が軽んじられることがないように、サービス事業者の共通認識をはかりましょう。

なお、どうしても本人に聞いてもらうのは具合が悪く、専門職だけの打ち合わせが必要な場合は、場所を変えて行ってください。

サービス担当者会議のポイントは変わっていく

会議の内容は当然ですが、サービス開始前と再アセスメント後では視点が変わります。

サービス開始直後はケアマネジャーや各事業所のスタッフも手探り状態ですし、本人も慣れるまでには時間がかかるということも念頭におかなければなりません。ケアマネジャーのアセスメントも根拠は求めているものの、サービスの導入に際し予測の領域にいることは確かでしょう。うまくサービスに馴染んでいってもらえるかどうか、それに伴って家族を含めての生活環境の改善につながっているかどうかが焦点になるでしょう。

次に開くサービス担当者会議は、これまでの状況が捗々（はかばか）しくない場合は再アセスメントのうえでのやり直し会議になりますが、順調な場合はもっとステップ

アップした会議になります。お互いにゆとりが出てくることもあり、本人のエンパワメントを伸ばし、生活環境の改善から生活環境の充実へとポイントが変わっていくでしょう。現状維持を踏襲するだけで終わることがないようにしましょう。モニタリングと再アセスメントについて書いた第7章07も確認してください。

本人と本人の生活を支えるという視点をもつ

　さらにもう1つ注意することは、「問題解決」のための会議ではなく、「支える視点」をもった会議を行うということです。論点を間違えると、まったく違う結果になってしまいますので、問題解決ではなく、本人と本人の生活を支えるための視点で話しあうようにしてください。

　適切なサービスの遂行で、本人が落ち着けば家族も落ち着きます。家族の負担軽減が行われれば、家族の気持ちにゆとりができ、本人もさらに落ち着きます。どちらが先というのではなく、どちらにもアプローチしていくということです。誰かが我慢して成り立つものではなく、本人も家族も含めてみんなが力を出しあう「non zero sum」なケアマネジメントを目指してください。

　なお、サービス担当者会議については、本シリーズの『サービス担当者会議』（永島徹著）に詳しく書かれていますので、参考にしてください。

まとめ

・サービス担当者会議の主役は本人です。サービス実践者が本人の意思を共有する意味もありますので、必ず本人の意思確認を行いましょう。
・初回のサービス担当者会議と次回のサービス担当者会議では話しあう視点が変化します。次回の会議はステップアップした視点で考えましょう。
・「問題解決」のための会議ではなく、「支える視点」を持った会議を行います。

「非ゼロ和」(non zero sum)

COLUMN 7

認知症の人視点のケアマネジメント

　「メッセージ」(2016年アメリカ)というSF映画があります。この映画の内容はまさしくコミュニケーションです。宇宙人が何を伝えたいのかがわからず人類はパニック状態に陥ってしまうのですが、相手の伝えたいことをどう理解していくのか、その理解を間違えるととんでもないことになってしまうのだということが描かれています。ある意味、認知症の人とのコミュニケーションと類することがあり、興味深く見ることができます。

　またこの映画に出てくる言葉「非ゼロ和」(non zero sum)は、ケアマネジメントにおいても考えさせられる言葉です。非ゼロ和とは、複数の人が相互に影響しあう状況の中で、ある1人の利益が必ずしも他の誰かの損失にならないこと。例えば、利用者のより良き生活のために、ケアスタッフが我慢したり、あるいはその逆にケアスタッフのストレス軽減のために利用者に我慢を強いる等ということがないこと。お互いにお互いの幸福を尊重しあえることと言えるでしょうか。Win-Winより深い意味と捉えられます。私たちのケアマネジメントの方向を示すものと言えるでしょう。

07 モニタリングと再アセスメント

> **POINT**
> ここからが本当の勝負です。
> BPSDの軽減だけでなく、
> さらなる能力を引き出すことが
> ケアマネジメントの醍醐味です。

　認知症の人のモニタリングは、サービスが始まった途端に始まると言ってもいいでしょう。デイサービスを利用することになったとしても、何から何まで本人にとっては初めてのことです。たとえれば、いきなり見知らぬ国の見知らぬ人ばかりのところへ案内されたような感じでしょうか。職員とのなじみの関係、そしてデイサービスがなじみの環境になるには時間を要します。不適応を起こす場合も多いので、ケアマネジャーは当面サービス事業所との綿密な連携をはかるようにしてください。

　本人が少し慣れてこられたら、混乱や不安のなかに隠されていた「本人のできる能力」を引き出していくようなアプローチを、サービス事業所と一緒に考えていきましょう。例えば、デイサービス利用前では在宅にて落ち着きなく動き回っていた人が、デイ職員が驚くほどの整理整頓能力をもっておられるのを見出すなど、BPSDに隠れて見えていなかったできる能力がわかったならば、それを在宅でも活かすということになります。サービスを始めてから、本人の可能性やあらたな課題として見えてくるものが数多くあるのです。

　しかし残念ながら、周囲の環境、特にケア職員の影響が大きい認知症の人の場合、不適切なケアを実践されると、能力を引き出すどころかえって状況が悪化してしまいます。本人にあわないと思ったら、あるいは本人自身の意思表示があれば、家族と相談のうえ、利用事業所に遠慮することなく本人により適した事業所の利用を模索しましょう。

07 モニタリングと再アセスメント

　認知症の人のモニタリングやそのうえでの再アセスメントは、BPSDのために隠れていた認知症の人の可能性を見つけ出せる絶好のチャンスなのです。適時早めに行うようにしましょう。

　アセスメントから再アセスメントまで含めた認知症の人のケアマネジメントの醍醐味は、BPSDの軽減に伴う本人の安心した生活を目指すだけでなく、さらなる能力を引き出すことにあるといえるのではないでしょうか。

> - 混乱や不安のなかに隠されていた本人のできる能力を引き出していくようなアプローチを考えましょう。
> - 認知症の人のケアマネジメントは、BPSDの軽減に伴う本人の安心した生活を目指すだけでなく、さらなる能力も引き出すことにあります。

まとめ

「内なる光」を引き出すかかわりを　COLUMN

　私たちはアルツハイマー型認知症の人の脳の画像の空洞部分を見て、認知症がかなり進行していると思うでしょう。そしていろいろなことができなくなってきているのが、この脳の萎縮の進行によると判断します。

　しかし、たとえ脳の空洞化が進んでいっても、本人は残された脳で何とか必死に生きようとしているのです。つまり、私たちはまだ残っている脳の部分に、本人の人間性やエンパワメントなどへの活路を見出すのです。本人自身では表現しにくくなった「内なる光」を引き出しましょう。それこそがケアに携わる者の腕の見せどころなのです。

認知症の人のアセスメントからケアプランへの流れとつかみどころ

これまでお話しした「認知症の人視点でのケアマネジメント」の流れを図にまとめてみました。全体の流れと各段階のつかみどころを捉えてください。

医療面
- 原因疾患を見る（アルツハイマー病、レビー小体型等）
- それぞれの疾患の特徴をつかむ
- 本人の認知症の疾患の状況をつかむ
- 治療（薬）の状況をつかむ
- 認知症以外の疾病の状況をつかむ
- 医師・医療機関との連携状況をつかむ

本人
- 課題分析標準項目のチェックを行う（下記アプローチからもわかる）
- ICFを基にした本人の生活機能上の現状をつかむ
- 健康・心身の機能（障がい部位・できている機能）
- 活動（生活行為上の障がい・している、できる活動）
- 参加（役割、仕事などできなくなったこと、できること）
- 環境（人との影響・人以外の環境の影響、それぞれにプラスマイナス）
- 個人（個性、ライフスタイル、価値観などの確認）

認知症の人の状況をさらに深めて考える

「ひもときシート」「センター方式」等の認知症の人の視点に立って考えるシートを使って上記情報を補完して、本人の心身の状況をつかむ。コーピング行動も確認する。
これらすべての情報を基に、本人視点で考え、アドボケーターとしてのケアマネジャーの当然の役割を実践する。
この認知症の本人の視点で考えることをしなければ、ケアプランが誤った方向に作られてしまう。当然のことながら、認知症の人から見たケアマネジャーは、信頼できかつ安心できる人に見え感じられなければならない。信頼関係をつかむ。

本人にとっての課題の解決・望みの実現・エンジョイライフの毎日から、ケアプランを考える。援助者側の課題の解決ではなく、あくまでも本人の課題解決が主体。
（介護者の負担軽減も考える。本人の課題解決が介護者の負担軽減にもつながっていく。）
生活機能の障がいや環境要因などを含めた、本人にとっての阻害要件への解決に向けた介護サービス等を考える。
課題ばかりに目を奪われず、本人のエンパワメントを伸ばす介護サービス等を考える。

介護サービス担当者等との情報の共有、連携を図る。

モニタリングを行い、本人にとって効果的な介護サービスかを確認する。
新たにわかった本人のことを、再アセスメントして、ケアプランの再検討を行っていく。

07 モニタリングと再アセスメント

COLUMN 7 認知症の人視点のケアマネジメント

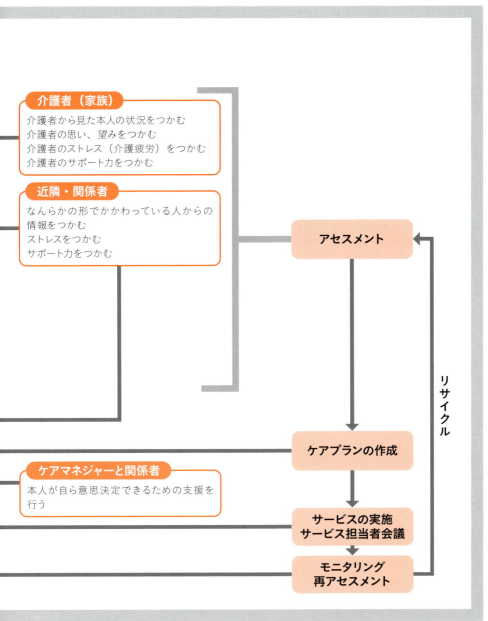

認知症の人を支える体制づくりとケアマネジャーの視点

8

CONTENTS

- 01 認知症の進行に応じたケアマネジャーの視点
- 02 家族支援と家族とのかかわり方
- 03 チームケア ─ All for Oneな取り組み
- 04 施設入所と看取り
- 05 ケアマネジャー自身のストレス対処法
- 06 パーソンセンタード ケアマネジャーになろう

01 認知症の進行に応じたケアマネジャーの視点

> **POINT**
> 認知症の進行に応じて、
> かかわり方や支援のポイントが
> 変化していきます。

　ケアマネジャーが認知症の人とかかわるのは、認知症状が表出して、何らかの形で周囲の支援が必要になるときから、ということになるでしょう。さらに認知症の進行状況によってケアマネジャーの視点も変わっていきます。その進行状況による視点の変化を考えてみます。図表8-1を確認しながらみていきましょう。

初期の場合

　MCI（軽度認知障害）の人の場合は、認知症予防が主体であり、介護保険の認定も非該当の方が多いので、ケアマネジャーがかかわることはほとんどないでしょう。要支援の人を委託で持つ場合は、軽度の認知症の人とかかわることもありますが、認知症の予防と進行を遅らせるためのアプローチが主流となります。リハビリ型のデイサービスの利用やインフォーマルサービスの導入などが主体となるでしょう。

　ただし、認知症の症状の出始めの頃は、認知症そのものへの不安をはっきりと自覚する時期なので、その不安への精神的なサポートが重要になります。話をしっかりと聴く時間と姿勢が必要です。

　また、継続的に診てもらう主治医の設定も必要です。この時期に認知症専門医の主治医を設けておくと、この後に続く本人の変化を理解してもらえやすくなりますし、連携もとりやすくなります。

　この時期に今後の暮らし方について、それとなく本人の意志を確認しておくの

もいいでしょう。将来の施設入所や在宅での看取りにもかかわってきます。

なお、認知症の症状はあっても認知症ではない、あるいは認知症状がなくなる疾病もありますので注意してください（第1章09参照）。

中期の場合

多くの場合、本人とケアマネジャーのかかわりは、本人が要介護認定を受けたことがきっかけで始まります。この頃には、認知症の症状が本人だけでなく周囲にも影響を与え出す、中期の認知症になっているでしょう。そのためケアマネジャーはどうしてもBPSDへの対処を余儀なくされます。台風の襲来で例えれば、台風が来る前に備えを行うのではなく、雨風が強くなり始めてから台風への対処を行うというのがケアマネジャーの現状と言えるでしょう。そのためケアマネジャーは四苦八苦するところから始まることになるのです。

図表8-1 認知症の状態に応じたケアマネジャーの視点
（アルツハイマー型認知症を基にしている）

	認知症の状態	認知症の人の心理状態	ケアマネジャーの視点
初期	もの忘れが多くなる（直前の記憶の維持ができない）。 生活行動に異変が生じる（火の不始末、整容が不器用など）。 理解力の低下がおこる。 話のやり取りはできるが、ちぐはぐになる（話を繕う）。 物盗られ妄想が出てくる。	「何か変」と感じる。そこからくる不安。 自分は認知症ではないと否定し、自分は大丈夫と、自分自身を保ちたいという必死の思い。 確かなものが不確かなものになる恐怖に近い不安を感じる。	「認知症の人」とかまえるのではなく、同じ人として、不安をしっかりと受け止め、コミュニケーションを取る。 認知症の進行を遅らせ、不安を和らげる対応をインフォーマルな部分も含め考える。 この頃から継続的に診てもらう医師などの医療機関との連携をとる。 認知症でない場合もあるので診断を確定してもらう（第1章**09**参照）。
中期	道がわからなくなる。 道具の使い方がわからなくなる。 混乱からくる大声、落ち着きない行動。 ふさぎ込む、言語不明瞭。 昼夜逆転、生活リズムの乱れ。 理解できないための拒否、抵抗。 帰宅願望。 コーピング動作（収集、壊す等）。 （さまざまなBPSDが表出してくる。）	理解できないことが増えていく混乱、不安、苛立ち、焦燥感、疎外感、不快感。 なんで？ どうしたら？ 助けて！ わかってほしい！ 伝えたくても伝えられない。 そもそも自分の頭の中も混乱状態。 混乱からくるストレスを解消したい。	認知症の状態に目を奪われず、BPSDにつながる原因・理由・背景を探る。 本人が求めているもの、活かせる能力、プラスになることなどを考える。 本人の視点で見えるものを、本人のアドボケーターとして周囲に伝え、また必要な支援を考える。 これらを踏まえたケアマネジメントを実施する。 家族へのフォロー（今のしんどさと、今後についても話し合う）。
後期	身体機能の低下が進む。 転倒の可能性が高くなる。 動けなくなり排泄、食事など生活全般の介護が必要になる。 発語も厳しく、コミュニケーション能力も奪われる。	意識は不明瞭。それでも脳のどこかでは人とのつながりを求めているのではないか（脳のすべての機能が失われているわけではない）。	身体的ケアに重点を置いたケアプランに代わる。 家族へのフォローと明確な方向性を示す（施設入所、在宅看取り等）。 スキンシップなどで本人とのコミュニケーションを続ける^{注)}。

＊主にアルツハイマー型認知症の進行に応じて作成しています。第1章**03**を参照にしながら読んでください。他の認知症でもケアマネジャーの視点はほぼ同じです。
＊初期、中期、後期に明確な線引きがあるのではありません。
＊初期に明記した認知症の状態は、後期に向かっていくなかで重度化していきます。
＊ケアマネジャーの視点も、初期の視点は後期まで継続されます。

注　コミュニケーションは、言葉を通じたものだけでなく、スキンシップなども用いて心と心の交流をはかることも含みます。

認知症の状態に応じたケアマネジャーの視点は図表8-1に簡単にまとめましたが、本書のすべての章にかかわるところにもなります。まさしく認知症ケアにおける知識・技術・価値をフル回転させることになります。基本的なかかわり方については第5章、第6章を読み返していただき、それぞれのBPSDへのかかわりは第4章を参照してください。

　なお、家族のフォローも重要な時期ですが、これから認知症が進行していくなかで、施設入所も含め今後のことについて話しあっておきましょう。

後期の場合

　認知症が後期になると運動機能も失われ、生活すべてに介助が必要になってきます。中期のBPSDが中心課題になるかかわりから、生活全般の身体介護を中心としたかかわりとなり、BPSDの嵐をやっと耐えてきた家族は、新たなる介護の嵐に直面します。ケアマネジャーの視点も身体介護を中心にした生活全般を支える視点へとシフトしていくことになります。

　ケアマネジャーは本人とコミュニケーションがとれない状況であっても、接触をあきらめてはいけません。本人が最期の最期まで頼れるのは人であり、たとえ反応がなくてもスキンシップなどを通じて、決して1人ではないと働きかけます。

　家族にとっては施設入居か最期まで自宅で見ていくかの決断を迫られるところにもなります。この点については、第8章04で深く掘り下げていきます。

> - 認知症が初期の場合、認知症への不安な思いをしっかりと受け止めましょう。ただし、この姿勢はどの時期でも同じです。
> - 認知症が中期の方には、あらゆる知識と技術と価値を駆使してかかわりましょう。
> - 認知症が後期になってもケアマネジャーはあきらめないで、本人への働きかけを行いましょう。

02 家族支援と家族とのかかわり方

> **POINT**
> まずは家族の思いをしっかり受け止めましょう。
> 家族の負担軽減のためにも、
> ケアプランは本人の意向を大切にします。

　ケアマネジャーはアセスメントにおいて、家族のさまざまな思いを聴くことになります。多くの場合、ケアマネジャーはここで家族のストレスに直面します。家族は認知症の本人のことを一番身近で支える存在であるのと同時に、身近だからこそつらさも抱えています。その家族のつらさが、本人に影響を与えているとも考えられるのです。

　一言に家族介護者と言っても、それぞれに状況は違います。家族自身が認知症を受け入れられず戸惑っているのか、悲しみあるいは怒りの感情が強い時期なのか、疲弊し、あきらめを感じているときなのかなど、家族の心境は時期により変化します。また、複雑な家族関係からくる介護力の差異もあるでしょう。いずれにしてもケアマネジャーは家族の思いを聴き、家族と共に歩む姿勢が必要になります。

ケアプラン作成の方向性を間違わない

　ケアマネジャーは家族介護者が倒れないようにすることを第一義に考えます。家族が倒れて一番困るのは認知症の人だからです。そのため、ケアマネジャーは家族のしんどさをしっかりと受け止めつつ、負担軽減のためのサービス導入を図ります。

　しかし、ここで間違えていけないことは、家族のためのケアプランを作成するのではないということです。認知症の人のケアプランの場合、本人とコミュニ

02 家族支援と家族とのかかわり方

8 認知症の人を支える体制づくりとケアマネジャーの視点

ケーションを取りにくいために、往々にして、家族の話だけを聞いてケアプランが作成されることがあります。しかし、第7章05に書きましたが、居宅サービス計画書第1表「利用者及び家族の生活に対する意向」欄には、利用者本人並びに家族の両者の意向を併記することになっています。併記ということは、どちらの意向も大切にするということです。家族の支援が必要であっても、認知症の本人の意思に関係なくケアプランを作成してはならないということです。

　家族に「何とかしてほしい！」と切願されると、その思いに流されたケアプランを作成しがちです。しかし、「何とかしてほしい！」と思っているのは、認知症の本人も同じです。家族と違ってその思いを言葉にして訴えられないだけなのです。これまでの章で学んできた、認知症の人の思いに接近するための方法を駆使して、本人の意向に沿ったケアプランを作りましょう。

家族支援のポイント

　本人中心の基本を踏まえたうえで、家族介護者への支援のポイントをまとめます。

家族のつらさを受け止める対人援助技術
　まずは家族のつらさをしっかりと傾聴するという対人援助技術が必要になりま

す。家族の話が少々長くなるときもありますが、面接技法を駆使して、家族のつらさを吐き出してもらいます。聞いてもらえるだけでストレスはかなり軽減するものです。特に頑張ってケアをしてこられたことに関しては肯定的に受け止め、その努力を認めてあげてください。

　このときに気をつけなければならないことがあります。家族が介護のしんどさを訴えるなかで、これまでの生活を振り返りながら、本人のことを激しく罵ることもあります。このときに「それは大変でしたね。昔からあなたをつらくさせる困った人だったのですね」などとケアマネジャーが答えると、途端に家族が押し黙ってしまう場合があります。ケアマネジャーからすれば、家族のつらさに寄り添った返答だったのでしょう。しかしどんなに家族が本人のことを罵ったとしても、家族にしてみれば、大切な父であり母であり、夫や妻なのです。他人のケアマネジャーに言われると、それは共感ではなく批判にしか聞こえません。あくまでも家族のしんどさを受け止め、本人のことを批判することがないように気をつけましょう。

家族介護者のための時間を確保する

　家族介護者のための時間の確保とは、言い換えれば本人に介護サービスを導入して、介護者の負担を軽減し、自由な時間を確保するということになります。介護者にも自分の人生の時間があります。その大半を介護に費やすことは、自由な時間が失われるということになり、大きなストレスになります。その結果、本人に対してきつく当たってしまうこともあります。そうならないために家族の介護負担を軽減し、かつ自由な時間を確保することが必要になります。

　しかしここで課題になるのが、本人の意思です。先ほども書きましたが、本人の意思を無視した形でのサービス導入は、尊厳の無視だけでなくケアマネジメントの根幹が崩れることになります。

　例えばデイサービスの導入を考えた場合、やみくもにデイサービスに連れて行っても本人には理解できないでしょう。このようなときこそ、ケアマネジャーは本人の意向に沿うような助言をする必要があります。不安なく安心して暮らしたいのなら、自分の認知機能と身体機能の維持のため、あるいは家族が自由な時間に家事を済ませることができるためなど、明確な理由を告げるようにしてくだ

さい。認知症だから理解できないではなく、自分と同じ「人」として誠意を伝えるのです。

　ショートステイも同じです。それでなくてもショートステイの利用は本人にとってはかなりのストレスになるサービスです。なぜ泊まらないといけないのかを真摯に伝えるべきでしょう。家族のしんどさを聞くことは、そのしんどさを感じているであろう本人にとっても、家から離れたくない思いとともに、複雑な心境になるかもしれません。しかし、理由がわからないままのショートステイの利用は、かえって本人を不安にさせてしまいます。

　家族もごまかし続けることは、最初はよくても徐々に心の負担になっていきます。ショートステイの利用で身体の安らぎの時間は得られても、本人の意に反して預けているもどかしさが、心の痛みになるかもしれないのです。家族の思いも非常に複雑なのです。

　繰り返しになりますが、本人は認知症という病をもっている１人の「人」なのです。「認知症」の人ではありません。その鉄則を忘れないようにしてください。そしてケアプランは、はじめに本人ありきなのです。本人の意向へのケアプランが、家族の負担軽減にもつながることになります。ですから、本人の意向と家族の意向は別々のものではなく、「本人の意向を踏まえたケアプラン」イコール「家族の負担軽減につながるケアプラン」でなければなりません。

インフォーマルな社会資源の活用

　認知症の本人と家族介護者をサポートするのは、介護保険サービスだけではありません。地域にある社会資源の活用も視野に入れることは、すべてのケアマネジメントにおいて忘れてはならないことです。ケアマネジャーとしては介護保険サービスではないので消極的になる面もあると思います。ですが、インフォーマルサービスを見つけて紹介することは、本人や家族にとっては選択の視野が広がることであり、支援体制の枠が広がることになります。同時に、介護保険サービス以外のことでもケアプランに織り込みながら動いてくれるケアマネジャーへの信頼も増すことでしょう。

家族会

代表的な社会資源でいうと、まず「家族会」があります。認知症の人を介護してきた、あるいは現在も介護している家族が交流の場などを通じて、自分の悩みを聞いてもらったり、実際に介護してきた方からアドバイスを受けたりできます。また、研修会も頻繁に開かれており、参加した家族は交流するなかで、支え・支えられる関係となっていき、精神的な疲労軽減につながります。

介護をしている当事者同士が話し合える場として、ケアマネジャーは家族会を紹介してみてはどうでしょうか。全国組織では「公益社団法人認知症の人と家族の会」[注1]があります。都道府県単位で支部がありますので、最寄りの地域の支部に連絡してみてください。

図表8-2 認知症カフェの目的による分類（2016年現在）

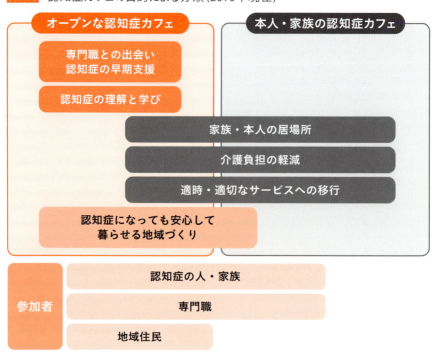

出典：矢吹知之『認知症カフェ読本』中央法規出版、2016年、11ページ

注1 「公益社団法人認知症の人と家族の会」のホームページ http://www.alzheimer.or.jp/
注2 矢吹知之『認知症カフェ読本』 中央法規出版、2016年、24ページ

認知症カフェ

　最近特に増えてきた集いの場に「認知症カフェ」があります。「家族会」は身近なところにないので参加できないという場合は、認知症カフェへの参加も考えてみましょう。認知症カフェといっても本人だけが参加する場ではなく、家族や専門職、地域住民も含めた新たなる交流の場所として各地で定着しつつあります。

　家でもなく、デイサービスでもない第三の居場所であり、「人生に潤いや彩りをもたらすために必要な１つのエッセンス」[注2)]としてケアマネジメントに織り込んでみてはどうでしょうか。ただし、認知症カフェはそれぞれに特色がありますので、本人や家族に合うかどうかの吟味は必要になります。

　このように社会資源をケアマネジメントに織り込むことは、本人や家族にとってプラスになることはもちろんのこと、ケアマネジャーにとっても信頼を得るだけでなく自分の技量の幅を広げることにもつながるのです。

まとめ

- 家族支援はとても大切ですが、認知症の本人の意思に関係なくケアプランを作成していいというものではありません。
- 家族が訴える辛さはしっかりと傾聴します。対人援助技術を駆使しましょう。
- 本人の意向へのケアプランが、家族の負担軽減にもつながります。本人の意向と家族の意向は別々のようでもそうではないのです。
- 社会資源の活用は、本人や家族へのサポート体制の幅を広げ、ケアマネジャーの技量の幅も広げます。

03 | チームケア
―All for Oneな取り組み

> **POINT**
> 認知症ケアにとってチームケアは不可欠です。
> 「All for One 〜みんなは1人のために」
> という体制をつくっていきましょう。

　ケアマネジャーは単独で動くことが多いようにみえますが、実はさまざまな人と「つながっていく」職種です。利用者やその家族はもちろんのこと、医師や医療関係者、多くのサービス提供事業所の人たちや地域の人たちとつながっていなければ行えない仕事です。それも、たんなる情報のやり取りではない「多様な職種、事業所の人たちとの連携（協働）」が必要になります。新任のケアマネジャーの頃は、この多様な人たちとの連携に気をつかうかもしれません。しかしそれは反対に、多くの人たちと共にケースにかかわれるという心強さを感じ、それらの人たちからの学びを得られる場でもあるのです。まさしくみんなが利用者のために動くAll for One（みんなは1人のために）な体制づくりをして、認知症の人や家族介護者を支援していくのです。

認知症の人のサービス担当者会議

　第7章06でも触れましたが、サービス担当者会議はケアプラン開始時の最初の会議であるとともに、その後も継続的に開かれる会議です。それだけに論点を間違えないようにすることが大切です。主題はBPSDへの対処法ではありません。あくまでも認知症の人の意向に対しての話し合いであって、私たち「介護者側の困った」の解決のための話し合いではないということです。
　ケアマネジャーは進行役とともに、認知症の人のアドボケーター（代弁者）としての役割を果たすことになります。問題解決策だけでなく、本人のエンパワメ

ントを活かしたり、引き出したりする視点で話し合いましょう。最初の論点と目標を間違わなければ、All for One体制が整うことになります。

支援困難ケースと地域ケア個別会議

　通常のサービス体制で支援できるケースならよいのですが、実際には支援をどう行えばよいかわからないケースも出てきます。例えば老老介護、夫婦ともに認知症、家族同士が険悪、経済的困窮状態といった複雑多岐な状況の家族とかかわっていくこともあります。虐待案件に当たることもあるかもしれません。

　認知症の人が独居の場合は生活そのものの危険性や地域住民との関係で、まったく親族がいない人の場合は入院などのアクシデントが生じたときに矢面に立たされる場合もあります。認知症の人のケアマネジメントは、このような複雑な状況がついて回るケースのほうが多いと言えます。このような場合、ケアマネジャー1人での対処は難しくなります。地域との関係調整が必要になることも多いので、この場合は「サービス担当者会議」ではなく、地域包括支援センターと相談のうえ、「地域ケア個別会議」を開催しましょう。つまり、地域の関係者や必要な専門職が参加して、多様な職種や立場の人の知識と経験を結集して支援を考えていくのです。1人で抱え込むのではなく、多様な専門性を活かしてのAll for One体制を構築していきます。

　ちなみに、虐待を疑われる場合は、速やかに地域包括支援センターや関係機関に連絡してください。独居の人でもセルフネグレクトの場合があります。虐待といえるのか迷う状況の場合でも、まずは連絡してください。

認知症初期集中支援チームとの連携

　認知症初期集中支援チームについては、既に各地域で活動が開始されているのでご存知だと思いますが、ケアマネジャーとして支援チームに要請する対象者は次頁になります。いずれにせよ、まずは地域包括支援センターに相談してみましょう。

> **認知症初期集中支援チームの対象者**
> 40歳以上で、在宅で生活しており、かつ認知症が疑われる人または認知症の人で以下のいずれかの基準に該当する人とする。
> ❶医療サービス、介護サービスを受けていない人、または中断している人で以下のいずれかに該当する人
> 　（ア）認知症疾患の臨床診断を受けていない人
> 　（イ）継続的な医療サービスを受けていない人
> 　（ウ）適切な介護保険サービスに結び付いていない人
> 　（エ）診断されたが介護サービスが中断している人
> ❷医療サービス、介護サービスを受けているが認知症の行動・心理症状が顕著なため、対応に苦慮している。

　支援チームが動き出したときに、ケアマネジャーは関係がなくなるのではありません。支援チームの一員として動くこともあります。また「初期集中支援」となっているように、チームとしての動きはおおむね半年内となっています。その後を引き継ぐのが担当の地域包括支援センター、そして担当ケアマネジャーになるので、常に支援チームとの連携が必要になります。

　支援チームが出動する前に、当該の認知症の人と信頼関係ができていたら、あるいは顔なじみの関係になっていたら、それはケアマネジャーの強みになります。支援チームが来たときに、なじみの人がそばにいるだけで、本人は安心できるからです。また支援チームの活動が終了したときに、何よりも本人の安心材料としてケアマネジャーの存在は大きいのです。

　専門職集団である初期集中支援チームが動くことで事態が好転することは多いので、ケアマネジャーにとっては助かりますが、ケアマネジャーの本領を発揮するのは、ここからということになります。支援チームの活動を有効利用して、以後も本人にとって一番身近にいる安心できる存在として活動することができれば、ケアマネジャーの面目躍如となります。

医療関係者との連携

これまでは、医療関係者、特に医師との関係はケアマネジャーからすれば敷居が高いと思われたものでした。しかしケアマネジャー自らの苦手意識が敷居を高くしていたというところもあります。認知症の人とのかかわりは専門医との連携が必須です。連携なくして認知症の人のケアマネジメントは成り立たないともいえます。

新任のケアマネジャーからすると、医師の存在は緊張するものかもしれません。しかし、ひとたび顔の見える関係ができれば、敷居はそれほど高くは感じないでしょう。利用者と信頼関係を築くために足しげく通うのと同じように、医師のところにもアポイントを取ってからになりますが、こまめに顔を出すようにしてください。

最近は医療関係者と介護関係者などとの垣根をなくし、協働して解決を目指す取り組みが数多くなされています。多職種連携会議もその1つでしょう。すべては利用者や患者さんの幸せを願ってみんなで協力し合うAll for One体制なのです。

まとめ

- 困難ケースは1人で抱え込まず、地域ケア個別会議を実施し、多様な職種や立場の人の知識と経験を結集して本人の支援を考えていきましょう。
- 認知症初期集中支援チームが動いたとしても、ケアマネジャーは本人に一番近い存在として常に本人にとって安心できる存在でいましょう。
- 認知症の人とのかかわりは、専門医との連携が必須です。気軽に連絡が取りあえる関係づくりに努めましょう。

04 施設入所と看取り

> **POINT**
> 施設入所はネガティブにとらえられがちですが本人・家族にとってプラスになることもあります。将来の選択肢の1つとして、あらかじめ説明しておきましょう。

家族と同居している場合

選択肢の1つとして施設入所を説明する

　家族には、あらかじめ将来に備えて施設のことを説明しておくことが必要です。今は大丈夫と思っていても、認知症の進行に伴って変化が出てくることは十分にありえるので、施設入所を進める話ではなく、選択肢の1つとして施設入所もあるよという心の準備をしておいてもらうのです。

　家族にもそれぞれにいろいろな思いがあります。一刻も早く施設入所させたいと思う人もいれば、最期まで家で過ごしてほしいと思う人、あるいは施設入所はやむをえないけれど、自分だけが楽をしている気持ちになり心がつらいという人など、ひとくくりにはできないのです。また、これらの思いが常に行ったり来たりしている家族もいるでしょう。

　どのような家族の心境であっても、施設入所は選択肢の1つとして説明しておきます。特に最近は入所系施設といっても多々あります。それぞれの違いを明確に伝えられるようにしてください。

施設入所がプラスになることもある

　施設入所というと、ネガティブにとらえられがちですが、本人、家族ともにプラスになることも多々あります。例えば、同居時に怒り憎しみまで生み出すよう

な介護の日々が続くことは、家族にとっても本人にとってもかなりのストレスになります。施設入所により家族の心に余裕ができれば、冷静な思いで本人と接することができるかもしれませんし、本人も専門的ケアを受けて落ち着くことができるかもしれません。

ここで「かもしれません」と書いたのは、家族はそれだけ心が揺れ動く存在であり、施設もそれぞれのカラーがあり、ケアの能力もさまざまです。施設入所の場合、どこでもよいのではなく、本人とともに自分の目でしっかりと施設の状況を確かめるようにしましょう。

本人の意思が一番大切

ここまでは家族の思いに沿ったものですが、やはり何よりも、認知症の本人がどのような意思を持っているかということになります。認知症が進むにつれて本人とのコミュニケーションはなお一層難しくなっていき、本人の意思と言われてもわからないと思うこともあるでしょう。できれば認知症が初期の頃に、それとなくでもいいので本人の意思確認をしておき、あとはさまざまな情報からできる限り本人視点で考えてみるということになります。

なお、家族と同居の場合は、どちらかというと本人は施設入所の拒否が多く、家族が困ってしまうことがあります。だからといって、騙して連れていくことは後々双方にとってよくない結果として現れるでしょう。根気よく本人に説明し、ショートステイなどで少しずつ慣れてもらうようにしましょう。

独居者の場合

一人暮らしが長いとなかなかその生活から離れられなくなります。ガスなどの火器を使わず、外出も積極的にしないような人の場合、かなり認知症が進行しても、身体的に維持できていれば、介護保険サービスなどを利用しながら一人暮らしを継続している人もおられます。

一方で、本人視点でいえば、一人暮らしの「気楽さ」と「不安」という天秤が、「不安」に傾くと、突然、自らどこかへ入りたいと訴えられることもあります。

ケアマネジャーの冷静な判断で、独居生活に危険が伴うと判断した場合は、本

人と根気よく話し合うようにしてください。判断が難しいケースは、ケアマネジャーが1人で背負うのではなく、医師やケア事業所のスタッフたちと一緒に話し合うようにしましょう。

在宅での看取りを検討する

　身体介護が中心の後期のケアになっても、これまでの大変だったケアのことを考えるとまだ頑張れるという家族の方もおられます。ここまで来たら最期まで家で……という思いも強いようです。

　認知症ケアはかなり長い年月の介護になります。どんなにケアサービスを入れたとしても、家族の苦労は並々ならぬものがあるのです。その家族の苦労をしっかりと受け止めることもケアマネジャーの役割です。知識や技術を駆使して、常に揺れ動く家族の思いをその都度柔軟に受容していくことは、家族が前に進むためのエネルギーにつながりますし、それは本人のよりよい看取りへとつながっていきます。多くの機能が失われて、私たちから見れば何もわかっていないように見えるような状況に本人が陥っても、脳のどこかでは、命絶えるまで誰かとのつながりを求めているのだと前向きに考えていきましょう。そのつながりを求める一番の人は家族に他なりません。

　ケアマネジャーはケアのマネジメントだけでなく、唯一無二の存在である本人と家族をつなげる、結びのマネジメント役でもあるのです。

まとめ

・施設入所については、選択肢の1つとしてあるのだと心の準備を家族にしておいてもらいましょう。
・ケアマネジャーは本人と家族を結びつける役割もあります。

04 施設入所と看取り

COLUMN 8

人生の「逢魔時(おうまがとき)」を支える

認知症の人を支える体制づくりとケアマネジャーの視点

「逢魔時(おうまがとき)」という言葉をご存知でしょうか？「日が暮れて闇夜が訪れる時間帯」[注]ということなのですが、いわゆる黄昏時(たそがれどき)（日が沈む直前直後）からさらに時間が進んだ夜が訪れる直前と言えます。「逢魔時」はその字が示すように、昔から魔物に出会う時間として、人々には不安と恐怖を駆り立てる時間でした。交通事故もこの時間に多いと言われています。人の一生に例えるなら看取りを迎える直前の時と言えるかもしれません。

時間を少し戻しますと、黄昏時は「誰（た）そ彼（かれ）」が語源とされています。誰だろう彼は？　と人の見分けがつきにくくなる時間という意味だそうです。

認知症の人の後期は、ある意味このような時を迎える状況にあるのかもしれません。周囲の人が誰かもわからず、さらに闇が深くなると魔物に襲われ連れていかれそうな不安と恐怖が待っています。

私たちがそのような立場なら、どうやってその不安や恐怖から逃れることができるでしょうか？　それは誰かにしっかりと手を握ってもらうことです。姿がよくわからなくなっても、闇が襲って来ようとも、自分の手をしっかりと握ってくれる人がいれば心強いのです。

看取り期、ケアマネジャーは家族と認知症の人とのつながりをアシストする役割を担うこともありますが、ケアマネジャー自身が認知症の人の手をしっかりと握り、本人を闇の恐怖から護(まも)る役割もあるでしょう。認知症の人のケアマネジメントを担う者として、認知症の人の恐怖を救うのはプロとしてのケアマネジャー自身の大切な役割かもしれません。

注「実用日本語表現辞典」より

05 ケアマネジャー自身の ストレス対処法

POINT
認知症ケアはストレスとの隣り合わせです。
しかし、認知症の人こそ私たちにとって
最大の師であり、認知症の人から学んだことを
還元していくという気持ちを持ちましょう。

　認知症ケアを実践することは、ケアマネジャーにとってはストレスと隣り合わせともいえます。コミュニケーションは十分に取れず、理解してもらえないし、理解できないことも多々あります。BPSDに振り回されるときもあれば、ケアマネジャー自身が物盗られ妄想の対象になる場合もあります。さらにケアマネジャーは認知症の人の権利と尊厳を守るという役割も担っています。ストレスが溜まって当然ともいえます。ではどのように対処すればいいのでしょうか。

知識・技術・価値は認知症の人から学ぶもの

　難易度が高くストレスが溜まるのが認知症ケア。しかし、難しいからこそケアマネジャーとしての成長は大きいのです。逆説的な考え方ですが、悪戦苦闘するなかで、気がつけば私たちはいろいろなことを認知症の人から学んでいるのです。ただし、認知症の人を最初から大変な人、問題のある人と捉えていたら、成長につながることはありません。いつまでたっても認知症の人を上から目線で見下ろすC級ケアマネジャーのままです。

　私たちがケアマネジメントで必要としている「知識・技術・価値」は、勉強して得られることも確かですが、実際には認知症の人とのかかわりのなかで多くのことを学びます。認知症の人を理解しようとするかかわりから、認知症の人からケアマネジャーがどのように見えているのかを考えるまでの過程のなかで、多く

05 ケアマネジャー自身のストレス対処法

自分の時間も大切に。

の知識と技術、そして人にかかわるうえで大切な価値を学んでいるのです。そのように考えれば認知症の人こそ私たちにとって最大の師であり、私たちは学んだことを還元しなければならないのです。

つまり、ストレスは自分の成長につながり、自分の成長は認知症の人へ還元することにつながっているのです。ストレスは自分が認知症ケアで成長する糧でもあるのです。実際にはすぐに感じられないことも多いでしょうが、ちょっと振り返ってみれば、確実に成長している自分がいます。そして確実に笑顔が増えた認知症の人の姿があります。

自分の時間を大切にしてこそ、相手の時間も大切にできる

しかしそうはいっても、やはりストレスは心身の疲労へとつながってしまいます。そのためにも日ごろのセルフマネジメントも行っておきましょう。

簡単なことなのですが、スイッチのONとOFFを明確にすることが大切です。仕事が終われば自分の人生、自分の時間を大切にしましょう。なぜならば、自分

の時間、自分の人生を大切にできない人は、相手の人生の時間を大切にできないからです。

　私たちは職務上、認知症の人の人生に大きくかかわります。認知症の人の人生を大切にできるか否かはケアマネジャーの力量にかかっていると言っても過言ではありません。しかし、だからといってそのために自分の人生を犠牲にしてでも……ではなく、自分の人生も相手の人生も大切にできる「non zero sum」（183ページ）な関係でなければならないのです。

　しかしケアの世界ではともすれば、休みのときでも電話が掛かってきたり、呼び出されることが多く、出てきて当たり前を拒否すればバッシングを受けるようなことさえあります。早く帰りたくても他の職員を気にして帰れない、そんな「世間と空気」を気にしすぎると、せっかくの自分の人生の時間が削られていきます。ですが、皆さんの人生の時間の保証はどこにもありません。どんなに若くても、明日の命を保証されているわけではないのです。「明日」という日は新しい日であると同時に、確実にあなたの人生の1日が減ってしまう日でもあるのです。「世間と空気」に自分の人生の時間を奪われてはなりません。当然、認知症の人の人生の時間も同じく大切で、その時間を大切にできるかどうかのカギを握っているのがケアマネジャーなのです。

　ただし、いくら自分の人生の時間が大切と言っても、ケアマネジャーは緊急時には出動しなければなりません。行方不明になったり、大喧嘩が家で始まったり、どんなアクシデントが起きるかもわかりません。そのためには予め起きるであろうことを想定して、対策を立てておくことも必要でしょう。

効果的なセルフマネジメント

　セルフマネジメントのコツは、スイッチのOFFの前に、1日の終わり方として、とても忙しくて疲れ切ったときには「あ～、やっと終わった。疲れた……」で終わるのではなく、「あ～、やっと終わった。疲れた……。でも今日1日よく頑張ったね！ ワタシ！」と自分自身を誉めて終わるようにしてください。自分の心が元気でいられるためには、なんらかのご褒美も必要になります。

　あとは自分が好きになれそうなことを自由に行ってください。最近は心を整え

るためにケア従事者のためのマインドフルネスの実践もあります。そして、何よりも自分を支えてくれるセキュアベース、つまりストレスを受け止めてくれる人を誰でもいいので見つけておきましょう。自分を守ってくれる場所や人はとても大切です。自分のエネルギー源になるからです。

　自分の心に余裕がなければ、認知症の人を支えることもできません。つまりセルフマネジメントは、認知症の人のケアマネジメントを成功させるために必要不可欠なアイテムでもあるのです。

> - ケアマネジメントで必要な「知識・技術・価値」は、認知症の人から教えられることが多いのです。
> - 目の前に感じているストレスは自分の成長につながり、自分の成長は認知症の人へ還元することにつながっているのです。
> - スイッチのON、OFFは自分の人生も、認知症の人の人生も大切にする行動です。
> - 自分の心に余裕がなければ、認知症の人の心も支えられません。セルフマネジメントはとても大切なものとして実践しましょう。

06 パーソンセンタードケアマネジャーになろう

> **POINT**
> 最終項目として、あるケアマネジャーの事例を通して、認知症の人のケアマネジメントの素晴らしさを振り返ってみることにします。

確かなものが喪失していく不安のなかで

　Aさん、80歳、女性。遠縁の親族がいるのみで子どもはいません。長年小さな商社で経理を担当し、退職後は厚生年金を頼りに独居生活をおくっていました。

　最近、認知症が出てきたのではないかと民生委員から相談を受けた地域包括支援センターの職員が介護保険を申請し、認知症と判定されて要介護1となりました。そして、地域包括支援センターから依頼を受けたBケアマネジャー（女性、ケアマネジャー歴10年）が担当することになりました。

　Aさんは1日中テレビを見て過ごし、おしゃれが好きなため部屋は衣服や化粧品であふれていました。家賃は滞納し、部屋は散らかり、テレビショッピングを頻繁に行っていたため貯金の枯渇などがあり、ヘルパーやデイサービスの導入と共に地域包括支援センターが金銭管理、後見人申請に動きました。

　BケアマネジャーはAさんとの時間をしっかり取り、受診や市役所の手続きなどにも同行し、信頼関係を深めていきました。しかし包括支援センター職員には、「私のお金を返してほしい！」と激しく攻撃するようになったのです。多い日には60回くらい電話があり、「お金がないから生活できない。お金を盗られた！」とBケアマネジャーに訴えるのでした。

　Bケアマネジャーは金銭的に厳しい生活状況を根気よく説明する一方、Aさんの不安はたんに金銭だけでなく、生活上の困りごとが増えていることに気がつきました。段取りや使い方がわからないなど、Aさんにとって確かなことが失われ

ていくことが生活の不安につながっているのだとわかったのです。ケア会議を通して生活上の困りごとに対してのサポートや、Bさんが得意とする裁縫へのアプローチなどを実施しました。またAさんからの電話の内容が混乱しているときは、BケアマネジャーがAさん宅に飛んでいき、Aさんが困っていることへの対処を行ったのです。その都度Aさんは感謝するようにBケアマネジャーの手をさすりながら、「あんたの手は家事をしていない手やな」と言って、たびたび笑われたとのことでした。このような地道な働き掛けを続けるうちに、もの盗られ妄想や電話は急減していったのでした。

不確かななかでの確かなこと

　Aさんの立場から考えると、独居生活を続けるなか、自身でも生活に少し不安を感じていた頃にケア側からのかかわりがあり、Bケアマネジャーの落ち着いた接し方もあって、サービスの導入はスムーズにいきました。しかし金銭管理も必要な状況だったため、自分のお金の自由を奪われたとAさんには思えたのでしょう。BケアマネジャーはそうしたAさんの不安を見抜き、さらに何かをしたいという前向きな気持ちが存在することにも気づいたのです。それは自分が自分であるために自分という存在を認めてほしいというAさんの願いだったのかもしれま

せん。

　Bケアマネジャーが、物盗られ妄想の背景にあるものをとらえ、不安の解消や存在感の受け止めを行っていったことで、不確かなものに囲まれたAさんの心のなかにBケアマネジャーという確かな存在を感じるようになったのでしょう。

　その後Aさんは数年在宅生活を続けましたが、その生活も厳しくなりグループホームへの入所とともにBケアマネジャーの担当は終了となりました。

　さらに２年後、体調を崩したAさんは入院。Bケアマネジャーは久しぶりにAさんに会いに病院に行きました。ところがAさんはBケアマネジャーの顔を見ても思い出せずきょとんとされています。認知症の進行は、あれほどAさんとかかわったBケアマネジャーのことも消し去ったかのようでした。

　Bケアマネジャーが思わずAさんの手をさすったときのことです。Aさんはその手をさすり返し、Bケアマネジャーを見つめて言ったのでした。「あんたの手は家事をしてない手やな〜。ああ、あんたか」。そして、にっこりと笑いました。Bケアマネジャーはあふれ出る涙をどうすることもできなかったそうです。認知症で不確かなことばかりが増えても、忘れられない確かなことはあるのです。

知性ある感性を育んでいくこと

　認知症の人のケアマネジメントは、ケアマネジャーからすれば悪戦苦闘することのほうが多いでしょう。しかし悪戦苦闘しているのは認知症の人自身も同じです。

　少なくともケアマネジャーは、ケアのマネジメントをプロとして行う仕事です。プロとして、認知症の人の悪戦苦闘を軽減させ、人としての尊厳を守っていかなければならない職業なのです。そのために職業人としての「知識」や「技術」を磨き、「価値」を大切にしていくことが求められます。さらにその知識・技術・価値を活かす感性を働かせなければなりません。正しい知識・技術・価値を持った感性、それこそが「知性ある感性」といえ、認知症の人の視点に立って考えるという、本書が目指したものの１つへとつながるのです。知性ある感性は、ケアマネジャーの成長を促すだけでなく、認知症の人のより良い人生の構築も育んでいきます。

そして、ケアマネジャーにとって何よりも大きな特典がこの仕事にはあります。私たちは認知症の人から影響を受け、教えられていることが多々あるということです。それこそが私たちにとっての最大の学びなのです。認知症の人は私たちにとって悪戦苦闘するだけの人ではなく、認知症の人とのかかわりを通じて私たちは人間としても職業人としても成長していくという素敵なプレゼントをもらっているのです。そのことを忘れ、上段にかまえて認知症の人を見下ろすようでは、その素敵なプレゼントを手に入れることはできないでしょう。

ケアマネジャー次第でその人の人生が変わる

　AさんとBケアマネジャーの事例に少し戻ってみましょう。不確かさが多くなる不安のなかで、自分の唯一の頼れるところであるお金も制限され、それが物盗られ妄想へとつながっていったのかもしれません。しかし、そもそもが生活上の不安や、その不安に埋没しないように自分らしくありたいという思いがAさんにあることなどを、BケアマネジャーはBPSDへの解決視点ではなく、Aさん自身の視点から考え、ひもといていったのです。

　もしケアマネジャーが、Aさんが本当に求めていることを理解しようとせず、BPSDへの対処だけを考えていたならば、Bさんは混乱と不安のなかで生涯を終えたかもしれません。ケアマネジャー次第でその人の人生が変わるのです。それも世界にたった1つしかない人生のラストシーンにおいて。

　不確かなものに踏みつぶされそうな認知症の人の思いのなかで、確かな絆としてケアマネジャーは存在しています。その証拠が、AさんがBケアマネジャーの手をさすったときにつながった記憶なのです。Aさんの人生のラストシーンの最後の輝きの瞬間でもあったのです。

　認知症の人のケアマネジメントに必要な視点とは、私たちからの視点ではなく、「認知症の人から見たあなたが安心でき、信頼できる人」として感じることができるかどうかということなのです。

図表8-3 認知症ケアでケアマネジャーとして守らなければならないこと

1	BPSDにかかわるなかで、ケアマネジャーは困ってしまうことが多々あります。しかし、認知症の本人も、とても困っているのです。ケアマネジャーの困りごとばかりを考えると、本人の困りごとが見えなくなります。
2	専門職たる私たちケアマネジャーが、認知症の人の尊厳を護れなければ、あるいは本人の代弁者としての能力を発揮できなければ、認知症の人は孤立無援になってしまいます。（第5章04項参照）
3	ケア会議は問題解決のために開くのではなく、認知症の人をいかに支援していくかを話し合う場です。（第8章03項参照）
4	認知症の人の介護サービスをマネジメントすることがケアマネジャーの仕事ではなく、認知症の人の生活と心身をいきいきと支えていくための手段として介護サービスを活用するのです。（第7章05項参照）
5	ケアマネジャーは認知症の人の人生の後半部に深くかかわる仕事です。後戻りできない人生の時間をいかに良い生活にプランニングしていくかという敬虔で深い仕事です。時間の使い方は命の時間の使い方でもあるのです。（第8章05項参照）
6	認知症の人の気持ちで考えるということは、その人の人生の時間を大切にするということなのです。（第6章06項参照）
7	認知症の人の「忘れる」ことよりも、一瞬一瞬でも「感じている」ことを大事にしていきましょう。（第3章05項参照）
8	認知症の人はいつもとパターンが違うことに接すると混乱します。しかしだからと言って、何の変化もない日々もおもしろみのないものになります。ときには地図のない冒険をしてみるのも人生に彩を添えます。（第3章05項参照）
9	ケアマネジメントの主体は「認知症」ではなく、「人」です。（第5章03項参照）
10	認知症の人の支援に必要な視点とは、私たちが認知症の人をどう支援しようとするかの前に、認知症の人から見たケアマネジャーがどうなのかということなのです。 認知症の人から見たあなた（ケアマネジャー）は、信頼でき、安心できる人ですか？ （第6章06項参照）

> 認知症の人にとって、ケアマネジャーは人生の終幕を支えてくれる、大切な絆なのです。「パーソンセンタード ケアマネジャー（認知症の人中心のケアマネジャー）」目指して頑張りましょう！
>
> \まとめ／

成年後見制度　COLUMN

　成年後見制度とは、認知症などにより判断能力が不十分となった場合に、本人に代わり契約の締結などを行う人を選任する制度です。契約の締結の他、本人が誤った判断によって契約してしまったものを取り消すなどの権限があり、これによりご本人を保護します。今は元気ですが将来が心配という方には、あらかじめ後見人を選んでおく「任意後見」、判断能力が低下している方には「法定後見」の制度があります。法定後見は、ご本人の判断能力に応じて「後見」「補佐」「補助」の３つの類型があります。家庭裁判所が法律の定めにしたがって、本人を援助する人を選任し、本人を代理する権限を与え本人を保護します。

　成年後見に関しては、司法書士で構成されている公益社団法人成年後見センター・リーガルサポート、社会福祉士による権利擁護センターぱあとなあなどが相談の事業を行っています。また、各地域にある社会福祉法人、社会福祉協議会でも相談してみるとよいでしょう。

　社会福祉協議会では日常生活自立支援事業として、福祉サービス利用契約やお金の管理に不安がある方への金銭管理サービスも行っています。

参考文献

①長谷川和夫・長谷川洋『よくわかる高齢者の認知症とうつ病』中央法規出版、2015年
②長谷川和夫『認知症の知りたいことガイドブック』第2版、中央法規出版、2011年
③須貝佑一『ぼけの予防』岩波書店、2005年
④新井平伊他「高齢者のうつ病－認知症との関連」『臨床精神薬理』１２（１）2009年
⑤日本総合病院精神医学会せん妄指針改定版（統括：八田耕太郎）編『せん妄の臨床指針 せん妄の治療指針第２版』星和書店、2015年
⑥加藤伸司、長谷川和夫他「改訂長谷川式簡易知能評価スケール（HDS―R）の作成」『老年精神医学雑誌』第2巻11号、1991年
⑦長谷川和夫『認知症診断のこれまでとこれから』永井書店、2006年
⑧認知症介護研究・研修センター監『認知症介護実践者研修標準テキスト』ワールドプランニング、2016年
⑨岩間伸之『支援困難事例と向き合う』中央法規出版、2014年
⑩長谷川和夫『認知症ケアの心』中央法規出版、2010年
⑪矢吹知之『認知症カフェ読本』中央法規出版、2016年
⑫小澤勲『認知症とは何か』岩波新書、2005年
⑬諏訪さゆり『ICFの視点を活かしたケアプラン実践ガイド』日総研出版、2004年
⑭諏訪さゆり『ICF視点に基づく施設・居宅ケアプラン事例展開集』日総研出版、2007年
⑮ダニエル・ゴールマン著、土屋京子訳『EQこころの知能指数』講談社、1998年
⑯石川進『見直し！認知症ケア パーソン・センタード・ケアの実践』日総研出版、2016年
⑰石川進「認知症の人の支援に必要な視点とかかわり方」『ケアマネジャー』第19巻第9号～第20巻第8号、2017～2018年
⑱認知症介護研究・研修東京・大府・仙台センター編『三訂認知症の人のためのケアマネジメント センター方式の使い方・活かし方』中央法規出版、2011年
⑲認知症介護研究・研修東京センター監、大久保幸積・宮島渡編『認知症ケアの視点が変わる「ひもときシート」活用ガイドブック』中央法規出版、2013年
⑳水野裕『実践パーソン・センタード・ケア』ワールドプランニング、2008年
㉑トム・キッドウッド著、高橋誠一訳『認知症のパーソンセンタードケア』クリエイツかもがわ、2017年

著者紹介

長谷川　洋
はせがわ・ひろし

はじめに、第1章、第2章、第3章、第4章

長谷川診療所　院長
聖マリアンナ医科大学神経精神科　非常勤講師
医学博士・精神保健指定医・日本精神神経学会　専門医
老年精神医学学会　専門医
川崎市精神科医会理事・神奈川県精神神経科診療所協会　副会長

2006年に川崎市中原区で長谷川診療所を開院。区役所での高齢者保健相談などにも力を入れており、2018年4月からは川崎市認知症コールセンター「サポートほっと」の相談医、川崎市あんしんセンター契約能力判定審査会委員、業務監督審査会委員、中原区認知症訪問支援事業チーム員となっている。主な著書に『よくわかる高齢者の認知症とうつ病』（中央法規出版）などがある。

石川　進
いしかわ・すすむ

第3章、第4章、第5章、第6章、第7章、第8章

社会福祉法人由寿会認知症相談支援・研修センター結　センター長
介護支援専門員・介護福祉士・大阪府認知症介護指導者

特別養護老人ホーム生活相談員・施設長、グループホーム管理者、地域包括支援センター長を務めた後、現法人に就任。認知症の人本人、介護家族、ケアマネジャー、ケアワーカー等の相談支援、並びに地域での認知症啓発活動、市民から専門職まで広く研修講師を行っている。元大阪府介護支援専門員協会会長、認知症ケア高度化推進事業ワーキングチーム委員を務めた。豊中市介護認定審査会委員、東大阪英田地区認知症ケアネットワーク推進委員。著書に『見直し！認知症 ケアパーソン・センタード・ケアの実践』（日総研出版）がある。

だいじをギュッと！
ケアマネ実践力シリーズ

認知症の
ケアマネジメント
すぐに実践できる支援のポイント

2018年8月15日　発行
2021年7月1日　初版第2刷発行

著　者　　長谷川洋・石川進

発行者　　荘村明彦
発行所　　中央法規出版株式会社
　　　　　〒110-0016
　　　　　東京都台東区台東3-29-1 中央法規ビル
　　　　　営　　業　TEL 03-3834-5817
　　　　　　　　　　FAX 03-3837-8037
　　　　　書店窓口　TEL 03-3834-5815
　　　　　　　　　　FAX 03-3837-8035
　　　　　編　　集　TEL 03-3834-5812
　　　　　　　　　　FAX 03-3837-8032
　　　　　https://www.chuohoki.co.jp/

装幀・本文デザイン　　　相馬敬徳（Rafters）
装幀・本文イラスト　　　三木謙次
本文イラスト　　　　　　藤田侑巳
DTP　　株式会社ジャパンマテリアル
印刷・製本　新津印刷株式会社
ISBN 978-4-8058-5728-1

定価はカバーに表示してあります。落丁・乱丁本はお取り替えいたします。
本書のコピー、スキャン、デジタル化等の無断複製は、
著作権法上の例外を除き禁じられています。
また、本書を代行業者等の第三者に依頼してコピー、スキャン、
デジタル化することは、たとえ個人や家庭内での利用であっても
著作権法違反です。